Advent: „Hoffen auf dich“

Eingangslied

Im Namen des Vaters und des Sohnes und des Heiligen Geistes. **Amen.**
Unsere Hilfe kommt von Gott unserem Herrn, der Himmel und Erde gemacht hat.

Es ruft eine Stimme in der Wüste:
Bereitet dem Herrn den Weg. *Jesaja 40. 3*

Der Herr ist mein Licht und mein Heil,
vor wem sollte ich mich fürchten;
wenn Menschen kommen und böses reden,
mein Gott, dann habe ich Angst.

W0222170

Der Herr ist meines Lebens Kraft,
vor wem sollte mir grauen;
wenn Menschen kommen und mich bedrängen,
mein Gott, dann fürchte ich mich.
Herr, höre meine Stimme, wenn ich rufe,
sei mir gnädig und erhöre mich.
Du bist meine Hilfe, Herr,
verlaß mich nicht.
Du hältst deine Hand über mir,
laß mich nicht allein.
Herr, weise mir deinen Weg,
und leite mich ein Leben lang. *nach Psalm 27 u. s.*

Ehre sei dem Vater und dem Sohn
und dem Heiligen Geist,
wie es war am Anfang, jetzt und alle Zeit,
und von Ewigkeit zu Ewigkeit. Amen.

Lied — Erzählung / Meditation / Ansprache oder Unterweisung — **Lied**

Gebet:

Eines Tages, Herr, werden wir alle zusammenfinden, begraben wir allen Streit und vergessen unseren Haß. Die Angst verschnüren wir mit allen unseren Sorgen und werfen sie in die tiefste Stelle des Meeres. Wir haben erkannt: Du bist der Schöpfer des Himmels und der Erde und alles Leben ist unantastbar — für jeden.

Vaterunser

Segen:

Geht hin in Frieden;
denn selig seid ihr, wenn ihr einen sanften Mut habt, ohne Haß,
ihr gehört zu mir.

Weihnachten: „Licht in der Finsternis“

Eingangslied

Im Namen des Vaters und des Sohnes und des Heiligen Geistes. **Amen.**
Unsere Hilfe kommt von Gott unserem Herrn, der Himmel und Erde gemacht hat.

Die Finsternis ist vergangen,
und das wahre Licht scheint jetzt. *1. Johannes 2. 8*

Mache dich auf, werde licht; denn dein Licht kommt,
und die Herrlichkeit des Herrn geht auf über dir.

Denn siehe, Finsternis bedeckt das Erdreich
und Dunkel die Völker,

aber über dir geht auf der Herr,
und seine Herrlichkeit erscheint über dir.

Die Heiden werden zu deinem Lichte ziehen
und die Könige zum Glanz, der über dir aufgeht.

Hebe deine Augen auf und sieh umher:
Diese alle sind versammelt und kommen zu dir.

Es werden gebückt zu dir kommen,
die dich unterdrückt haben,

und alle, die dich gelästert haben,
werden niederfallen zu deinen Füßen.

In meinem Zorn habe ich dich geschlagen,
aber in meiner Gnade erbarme ich mich über dich. *Jesaja 60.1—4, 14*

Ehre sei dem Vater und dem Sohn und dem Heiligen Geist,
wie es war am Anfang, jetzt und alle Zeit,
und von Ewigkeit zu Ewigkeit. Amen

Lied — Erzählung / Meditation / Ansprache / Unterweisung — **Lied**

Gebet:

Eines Tages, Herr, werden deine Kinder Glück und Freude verbreiten unter allen Lebendigen unserer Erde. Sie werden strahlen wie die Sonne und alle Erstarrten zu neuem Leben wecken. Keiner wird am anderen zweifeln, niemand hat mehr Angst vor Not und Tod; denn du hast das lebendigste Netz aus Liebe gewebt. Bei dir sind wir geborgen und alle Angst hat ein Ende. Alle Kirchen der Welt laden ein, bei dir Schutz zu suchen — und sie finden bei dir eine neue Heimat.

Vaterunser

Segen:

Geht hin in Frieden;
denn selig sind die Friedfertigen.
Ihr werdet Gottes Kinder heißen.

Mein Liederbuch — für heute und morgen

Es ist gedacht für den Einsatz in allen Bereichen der Gemeindearbeit, in Kinder- und Konfirmandengruppen, auf Freizeiten, vor allem aber in Schul- und Gemeindegottesdiensten. Deshalb haben wir ihm einen umfangreichen Wortteil mitgegeben, in dem Bibelworte, Psalmen und Gebete für die verschiedenen Zeiten des Kirchenjahres und für besondere Gelegenheiten zum gemeinsamen Beten in Gottesdienstliturgien angeboten werden. Texte zum Nachdenken, Glaubensbekenntnisse, Sendung und Segen ergänzen diesen Teil. Wir freuen uns, ein Liederbuch anzubieten, das die Erfahrungen des Pädgogisch-Theologischen-Instituts und der Jugendkammer der Evangelischen Kirche im Rheinland in Zusammenarbeit mit dem tvd-Verlag widerspiegelt, ein Liederbuch, das über 200 Titel umfaßt. Bei der großen Zahl der Lieder erweist es sich als sehr hilfreich, neben der Notenausgabe auch eine kleinere und damit auch preiswertere Text-Ausgabe zu haben.

Die Lieder sind nach vier Gruppen geordnet:

A. **Choräle** — Lieder aus dem Evangelischen Kirchengesangbuch. Sie erscheinen in der Reihenfolge des EKG. A 1—36

B. **„Neue geistliche Lieder“** — Sie sind ungefähr nach Erscheinungsjahren geordnet, damit bei späteren Auflagen neue Lieder angeschlossen werden können. B 1—127

C. **Kinderlieder,** die Kinder gern singen oder das Thema „Kind“ behandeln. C 1—23

D. **Lieder für „drinnen und draußen“,** die zu vielen verschiedenen Gelegenheiten angestimmt werden können. D 1—27

Über Rückmeldungen, Kritik, auch Lob freuen wir uns. Sie können sich jederzeit an die nebenstehende Adresse wenden und mit uns Kontakt aufnehmen. Unser Wunsch ist es, daß das Liederbuch in vielen Gemeinden nützlich werden kann, daß Ihnen unsere Liedauswahl — die natürlich lückenhaft sein muß — gefällt, und Sie sehr bald sagen können:

„Mein“ Liederbuch — für heute und morgen!

Abendmahl: „Der neue Bund"

Eingangslied

Im Namen des Vaters und des Sohnes und des Heiligen Geistes. **Amen.**
Unsere Hilfe kommt von Gott unserem Herrn, der Himmel und Erde gemacht hat.

Jesus Christus spricht:
Ich bin das Brot des Lebens. *Johannes 6. 35*

Lobe den Herrn, meine Seele
und was in mir ist, seinen heiligen Namen!
    Lobe den Herrn, meine Seele,
    und vergiß nicht, was er dir Gutes getan hat:
der dir alle deine Sünde vergibt und heilt alle deine Gebrechen,
    der dein Leben vom Verderben erlöst,
    der dich krönt mit Gnade und Barmherzigkeit.
Barmherzig und gnädig ist der Herr, geduldig und von großer Güte.
    Er handelt nicht mit uns nach unsern Sünden
    und vergilt uns nicht nach unsrer Missetat.
Denn so hoch der Himmel über der Erde ist,
läßt er seine Gnade walten über denen, die ihn fürchten.
    Wie sich ein Vater über seine Kinder erbarmt,
    so erbarmt sich der Herr über die, die ihn fürchten. *Psalm 103*

Ehre sei dem Vater und dem Sohn und dem Heiligen Geist,
    wie es war am Anfang, jetzt und alle Zeit,
    und von Ewigkeit zu Ewigkeit. Amen.

Lied — Erzählung / Meditation oder Ansprache — **Lied**

Jesus Christus spricht: Meinen Frieden gebe ich euch.
Ich gebe euch nicht, wie die Welt gibt.
Euer Herz erschrecke nicht und fürchte sich nicht. *Johannes 14. 27*

Friede sei mit euch.

Friede sei mit dir.
(gegenseitiger Friedensgruß: „Friede sei mit dir." „Schalom" ...)

Gebet und Einsetzungsworte

Sooft ihr von diesem Brot eßt und aus diesem Kelch trinkt,
verkündigt ihr den Tod des Herrn, bis daß er kommt.

Deinen Tod, Herr, verkünden wir und deine Auferstehung preisen wir,
bis du kommst in Herrlichkeit.

Vaterunser — Einladung zum Abendmahl und Austeilung

Dankpsalm oder Gebet

Segen:

Und der Friede Gottes, der größer ist als alle unsere Vernunft,
bewahre unsere Hoffnung, festige unseren Glauben
und mach uns in der Liebe stark.

Passionszeit: „Leiden in der Welt“

Eingangslied

Im Namen des Vaters und des Sohnes und des Heiligen Geistes. **Amen.**
Unsere Hilfe kommt von Gott unserem Herrn, der Himmel und Erde gemacht hat.

Jesus Christus spricht: In der Welt habt ihr Angst;
aber seid getrost: Ich habe die Welt überwunden. *Johannes 16.33*

Die Stadt Gottes ist in Trümmer gelegt.
Die Straßen des Friedens sind unbegehbar.

Die Türme der Hoffnung versinken im Erdboden.
Der Grundriß unserer Liebe ist zerstört.

Blut fließt an Heiligen Stätten,
die Steine schreien zum Himmel:
Wer wird uns vom Tod erwecken?

Die Leiden der Menschen zählen nicht mehr,
die Verwüstung ist zum täglichen Brot geworden.

Sie wollen unseren Gott kurz und klein schlagen,
darum haben sie uns die Hände gebunden
und unsere Freiheit in Ketten gelegt.

Um der Ehre deines Namens willen,
hilf uns, Gott unseres Heils.

Um deines Namens willen,
reiß uns heraus aus dem Chaos.

Weck uns auf von den Toten und hilf uns zum Leben,
so wollen wir dir danken von einer Generation zur andern.

nach Psalm 79 u. s.

Ehre sei dem Vater und dem Sohn und dem Heiligen Geist,
wie es war am Anfang, jetzt und alle Zeit,
und von Ewigkeit zu Ewigkeit. Amen

Lied — Erzählung / Meditation / Ansprache / Unterweisung — **Lied**

Gebet:

Eines Tages, Herr, werden die Berge weichen und die Hügel einfallen,
die Täler aus Angst werden zugeschüttet mit den Bergen aus Freude.
So werde ich meinen Weg gehen können und mein Fuß
wird sich an keinem Stein mehr stoßen.

Vaterunser

Segen:

Geht hin in Frieden;
denn selig sind, die leiden um Gottes Willen.
Ihr gehört zu Gott.

Osterzeit: „Auferstehung und Leben"

Eingangslied

Im Namen des Vaters und des Sohnes und des Heiligen Geistes. **Amen.**
Unsere Hilfe kommt von Gott unserem Herrn, der Himmel und Erde gemacht hat.

Jesus spricht:
Ich bin die Auferstehung und das Leben. *Johannes 11,25*

Du, Herr, kommst uns entgegen
aus dem Tod zum Leben.

Du bist bei uns alle Tage
und hilfst uns in allen Zeiten:

Ein Mensch den Menschen, ein König den Herrschenden.
Ein Leidender den Kranken, ein Träumender den Hoffenden.

Die Unmündigen berührst du
und sie tuen ihren Mund auf gegen den Tod.

Wir rufen, und du hilfst uns Tag und Nacht,
wir schreien und du läßt uns nicht im Stich.

Deine Linke trifft unsere Widersacher
und deine Rechte rückt die Gottlosen zurecht.

Die Gottlosen schlägt Gott in die Flucht
und ihr Leben ist wie ein Sandkorn, das im Meer versinkt.

Steh auf, Herr, unter den Völkern.
Erhebe dich aus deiner Götterdämmerung
und beweise deine Macht.

Du aber, Herr, kommst uns entgegen:
Ein Mensch den Menschen, ein König den Herrschenden.
ein Leidender den Kranken, ein Träumender den Hoffenden.

Darum wollen wir singen und spielen
zur Auferstehung unseres Herrn. *nach Psalm 21 u. s.*

Ehre sei dem Vater und dem Sohn und dem Heiligen Geist,
wie es war am Anfang, jetzt und alle Zeit,
und von Ewigkeit zu Ewigkeit. Amen

Lied — Erzählung / Meditation / Ansprache / Unterweisung — **Lied**

Gebet:

Eines Tages, Herr, werde ich so weit sein: alle Dinge kehren zurück zu dir, und ich werde sein ein Mensch, der den anderen versteht bis zu seinem Grunde, der seine Gedanken aufnimmt, seine Blicke, und sie wieder zurückgibt zur neuen Erkenntnis. Eines Tages werde ich verstehen, auch dich.

Vaterunser

Segen:

Geht hin in Frieden;
denn selig sind die Barmherzigen.
Ihr werdet Barmherzigkeit erlangen.

Pfingstzeit: „Lebendige Gemeinde“

Eingangslied

Im Namen des Vaters und des Sohnes und des Heiligen Geistes. **Amen.**
Unsere Hilfe kommt von Gott unserem Herrn, der Himmel und Erde gemacht hat.

Gott spricht: Ich will ausgießen
den Geist der Gnade und des Gebets. *Sacharja 12.10*

Glücklich die Kirche,
die nie aufhört zu fragen,
die nie aufhört zu suchen.

Glücklich die Kirche,
die sich selbst in Frage stellt,
die über sich selber lächeln kann.

Glücklich die Kirche,
die Freiheit verbreitet aus ihrem Glauben,
die Freude ausstrahlt aus ihrem Leben.

Glücklich die Kirche,
die den Menschen neue Zuversicht schenkt,
die den Frieden und die Gerechtigkeit in die Tat umsetzt.

Glücklich die Kirche,
die ein Ort der Menschlichkeit ist in einer unmenschlichen Welt,
sie könnte selber Modell sein für eine gute Zukunft.

Glücklich die Menschen dieser Kirche,
sie brauchen keine Angst zu haben,
von Gott und den Menschen verlassen zu sein. *nach Psalm 1 D. Zils*

Ehre sei dem Vater und dem Sohn und dem Heiligen Geist,
wie es war am Anfang, jetzt und alle Zeit,
und von Ewigkeit zu Ewigkeit. Amen

Lied — Erzählung / Meditation / Ansprache / Unterweisung — **Lied**

Gebet:

Eines Tages, Herr, werden wir Menschen unsere Rüstungen ablegen,
unsere Empfindungen werden von Zärtlichkeit und Liebe geleitet
und unsere Herzen können wieder sprechen, ohne Angst und Zweifel.

Vaterunser

Segen:

Geht hin in Frieden:
denn selig seid ihr, wenn ihr hungert und dürstet nach Gerechtigkeit.
Ihr sollt alle satt werden.

Erntedankzeit: „Alle guten Gaben“

Eingangslied

Im Namen des Vaters und des Sohnes und des Heiligen Geistes. **Amen.**
Unsere Hilfe kommt von Gott unserem Herrn, der Himmel und Erde gemacht hat.

Siehe die Vögel unter dem Himmel und die Lilien auf dem Felde,
sie säen nicht, sie ernten nicht und der himmlische Vater ernährt sie wohl.

Matthäus 6.2

Lobt Gott mit euren Festen,
lobt ihn mit euren mächtigen Taten.

Lobt Gott mit der Kraft eurer Hände,
lobt ihn mit der Schärfe eurer Gedanken.

Lobt Gott mit euren Fragen,
lobt ihn mit euren Fehlern.

Lobt Gott mit der Weichheit eurer Lippen,
lobt ihn mit dem Lächeln eines Augenblicks.

Lobt Gott mit eurer Offenheit,
lobt ihn mit eurer Gastfreundschaft.

Lobt Gott mit den Worten fremder Völker,
lobt ihn mit den Klängen ferner Länder.

Lobt Gott mit eurem Schweigen.
Lobt Gott mit allen Stimmen, mit eurem Atem.

Lobt Gott mit euren Körpern.
Alt und jung lobet den Herrn.

nach Psalm 150 u. s.

Ehre sei dem Vater und dem Sohn und dem Heiligen Geist,
wie es war am Anfang, jetzt und alle Zeit,
und von Ewigkeit zu Ewigkeit. Amen

Lied — Erzählung / Meditation / Ansprache / Unterweisung — **Lied**

Gebet:

Eines Tages, Herr, werden die Steine singen.
Die Sterne werden vor Freude in die Hände klatschen,
das Weltall wird einen großen Sprung tun,
denn die Menschen haben den Frieden geschaffen
von einem Ende unserer Welt bis zum anderen.
Jeder Mensch hat seinen Ton gefunden, hat Stimme und Recht.

Vaterunser

Segen:

Geht hin in Frieden,
denn selig seid ihr, die ihr Menschen und Schöpfung behütet.
Ihr seid Gottes Kinder.

Ende des Kirchenjahres: „Erlösung“

Eingangslied

Im Namen des Vaters und des Sohnes und des Heiligen Geistes. **Amen.**
Unsere Hilfe kommt von Gott unserem Herrn, der Himmel und Erde gemacht hat.

Jesus Christus spricht:
Himmel und Erde werden vergehen,
aber meine Worte werden nicht vergehen. *Matthäus 24, 35*

Psalm: Wenn der Herr die Gefangenen Zions erlösen wird,
dann werden wir sein wie die Träumenden.

Dann wird unser Mund voll Lachens
und unsere Zunge voll Rühmens sein.

Dann wird man sagen unter den Heiden:
der Herr hat Großes an ihnen getan.

Der Herr hat Großes an uns getan,
des sind wir fröhlich.

Herr, bringe wieder unsere Gefangenen,
wie du die Bäche wiederbringst im Südland.

Die mit Tränen säen, werden mit Freuden ernten.
Sie gehen hin und weinen und streuen ihren Samen
und kommen mit Freuden und bringen ihre Garben. *Psalm 126*

Ehre sei dem Vater und dem Sohn und dem Heiligen Geist,
wie es war am Anfang, jetzt und alle Zeit,
und von Ewigkeit zu Ewigkeit. Amen

Lied — Erzählung / Meditation / Ansprache / Unterweisung — **Lied**

Gebet:

Herr, mein Gott, ich weiß,
mit dem Tod ist nicht alles zu Ende, niemand stirbt für alle Zeit,
kein Gedanke wird umsonst gedacht, kein Wort umsonst gesprochen,
kein Lied umsonst gesungen, keine Ohnmacht umsonst empfunden,
kein Leben wird umsonst gelebt, kein Mensch lebt vergebens.

Herr,
wenn wir uns leiten lassen von Deinen Gedanken,
wenn wir uns lenken lassen von Deinem Willen,
wenn wir Dein Licht anzünden in der Finsternis,
dann ist nichts umsonst gewesen.

Vaterunser

Segen:

Geht hin in Frieden;
denn selig sind, die da Leid tragen.
Ihr sollt getröstet werden.

Morgengebet

Eingangslied

Im Namen des Vaters und des Sohnes und des Heiligen Geistes. **Amen.**
Unsere Hilfe kommt von Gott unserem Herrn, der Himmel und Erde gemacht hat.

Die den Herren lieben,
sollen sein, wie die Sonne, die aufgeht in ihrer Pracht. *Richter 5.31*

Wisch dir den Schlaf aus den Augen,
wir wollen die Sonne wecken.

Wacht auf, meine Gedanken, hört auf zu träumen,
der Tag beginnt mit dem neuen Leben.

Ich will dich, Herr, vor den Menschen preisen
und deinen Namen groß an den Himmel schreiben.

Ich will deine Güte bekanntmachen
bis an die Enden der Erde.

Erhebe dich, Herr, über die ganze Welt,
dein Glanz erfülle die große Erde.

Es sollen gerettet werden, die du liebst.
Es soll denen geholfen werden,
die du in dein Herz geschlossen hast.

So spricht Gott, unser Herr:
Ich will euch heilig sprechen, wenn ihr zusammenkommt
und Frieden schließt mit allen Völkern dieser Erde.

Mit Gott werden wir Großes vollbringen:
Auf dem Weg des Friedens werden wir die Hindernisse
unter unsere Füße treten. *nach Psalm 108 u. s.*

Ehre sei dem Vater und dem Sohn und dem Heiligen Geist,
wie es war am Anfang, jetzt und alle Zeit,
und von Ewigkeit zu Ewigkeit. Amen

Lied — Erzählung / Meditation / Ansprache / Unterweisung — **Lied**

Gebet: Luthers Morgensegen

Ich danke dir, mein himmlischer Vater, durch Jesus Christus, deinen lieben Sohn, daß du mich diese Nacht vor allem Schaden und Gefahr behütet hast, und bitte dich, du wollest mich diesen Tag auch behüten vor Sünden und allem Übel, daß dir all mein Tun und Leben gefalle. Denn ich befehle mich, meinen Leib und Seele und alles in deine Hände. Dein heiliger Engel sei mit mir, daß der böse Feind keine Macht an mir finde.

Vaterunser

Segen:

Geht hin in Frieden;
denn selig sind, die reinen Herzens sind.
Ihr werdet Gott schauen.

Abendgebet

Eingangslied

Im Namen des Vaters und des Sohnes und des Heiligen Geistes. **Amen.**
Unsere Hilfe kommt von Gott unserem Herrn, der Himmel und Erde gemacht hat.

Jesus Christus spricht: Ich bin bei euch
alle Tage bis an der Welt Ende. *Matthäus 28.20*

Umsorge mich mit deiner Liebe, Herr,
denn bei dir bin ich zu Hause.

Deine Kinder erfahren deine Liebe
und ich gehöre dazu.

Du reichst uns einen Becher gefüllt mit gutem Geist,
in deinen Händen hältst du mein Leben.

Mein Herz hängt an dir Tag und Nacht.
Ständig erfüllst du mich mit neuer Kraft.

Du gibst mich nicht auf,
du gibst mich nicht preis.

Du zeigst mir den Weg ins Leben,
darum will ich bei dir bleiben
für alle Zeit. *nach Psalm 16 u. s.*

Ehre sei dem Vater und dem Sohn und dem Heiligen Geist,
wie es war am Anfang, jetzt und alle Zeit,
und von Ewigkeit zu Ewigkeit. Amen

Lied — Erzählung / Meditation / Ansprache / Unterweisung — **Lied**

Gebet: Luthers Abendsegen

Ich danke dir, mein himmlischer Vater, durch Jesus Christus, deinen lieben Sohn, daß du mich diesen Tag gnädiglich behütet hast, und bitte dich, du wollest mir vergeben all meine Sünde, wo ich Unrecht getan habe, und mich diese Nacht auch gnädiglich behüten. Denn ich befehle mich, meinen Leib und Seele und alles in deine Hände. Dein heiliger Engel sei mit mir, daß der böse Feind keine Macht an mir finde.

Vaterunser

Segen:

Geht hin in Frieden;
denn selig sind die Sanftmütigen.
Ihr werdet das Erdreich besitzen.

Diakonie „Dein Nächster"

Eingangslied

Im Namen des Vaters und des Sohnes und des Heiligen Geistes. **Amen.**
Unsere Hilfe kommt von Gott unserem Herrn, der Himmel und Erde gemacht hat.

Jesus Christus spricht: Ihr seid das Salz der Erde.
Ihr seid das Licht der Welt.
Die Stadt, die auf dem Berg liegt, kann nicht verborgen sein.

Matthäus 5. 13—14

Selig sind, die da geistlich arm sind,
denn das Himmelreich ist ihrer.

Selig sind, die da Leid tragen,
denn sie sollen getröstet werden.

Selig sind die Sanftmütigen,
denn sie werden das Erdreich besitzen.

Selig sind, die hungern und dürsten
nach der Gerechtigkeit, denn sie sollen satt werden.

Selig sind die Barmherzigen,
denn sie werden Barmherzigkeit erlangen.

Selig sind, die reinen Herzens sind,
denn sie werden Gott schauen.

Selig sind die Friedfertigen,
denn sie werden Gottes Kinder heißen.

Selig sind, die um Gerechtigkeit willen verfolgt werden,
denn das Himmelreich ist ihrer. *Matthäus 5, 3—10*

Ehre sei dem Vater und dem Sohn und dem Heiligen Geist,
wie es war am Anfang, jetzt und alle Zeit,
und von Ewigkeit zu Ewigkeit. Amen

Lied — Erzählung / Meditation / Ansprache / Unterweisung — **Lied**

Meditation:

Ich bin hungrig — Ihr kreist um den Mond. Ich bin durstig — Ihr sagt: „Das Leben ist nun einmal so." Ich bin fremd — Ihr setzt einen Untersuchungsausschuß ein. Ich bin nackt — Ihr sagt: „Gott stehe dir bei!" Ich bin krank — Ihr sagt: „Deine Arbeit machen jetzt Maschinen." Ich bin im Gefängnis — Ihr müßt euren Verteidigungshaushalt finanzieren. Ich bin hungrig — Ihr sagt: „Wir stellen nur Personal unter 45 ein." Herr — wann haben wir dich hungrig gesehen?

Vaterunser

Segen:

Geht hin in Frieden;
denn selig seid ihr, die ihr liebt und handelt.
Ihr seid das Salz der Erde.

Nachfolge „Der Herr ist mein Hirte“

Eingangslied

Im Namen des Vaters und des Sohnes und des Heiligen Geistes. **Amen.**
Unsere Hilfe kommt von Gott unserem Herrn, der Himmel und Erde gemacht hat.

Alle eure Sorge werft auf ihn,
denn er sorgt für euch. *1. Petrus 5, 7*

Der Herr ist mein Hirte,
mir wird nichts mangeln.

Er weidet mich auf einer grünen Aue
und führt mich zum frischen Wasser.

Er erquickt meine Seele.
Er führt mich auf rechter Straße
um seines Namens willen.

Und ob ich schon wanderte im finstern Tal,
fürchte ich kein Unglück,

denn du bist bei mir,
dein Stecken und Stab trösten mich.

Du bereitest vor mir einen Tisch
im Angesicht meiner Feinde.

Du salbest mein Haupt mit Öl
und schenkst mir voll ein.

Gutes und Barmherzigkeit werden mir folgen
mein Leben lang,
und ich werde bleiben im Hause des Herrn immerdar. *Psalm 23*

Ehre sei dem Vater und dem Sohn und dem Heiligen Geist,
wie es war am Anfang, jetzt und alle Zeit,
und von Ewigkeit zu Ewigkeit. Amen

Lied — Erzählung / Meditation / Ansprache / Unterweisung — **Lied**

Gebet:

Christus,
du hast keine Hände, nur unsere Hände, um deine Arbeit zu tun. Du hast keine Füße, nur unsere Füße, um Menschen auf deinen Wegen zu führen. Du hast keine Lippen, nur unsere Lippen, um Menschen von dir zu erzählen. Du hast keine Hilfe, nur unsere Hilfe, um Menschen auf deine Seite zu bringen. Wir sind die einzige Bibel, die die Öffentlichkeit noch liest. Wir sind Gottes letzte Botschaft, in Taten und Worten geschrieben, darum beten wir zu dir:

Vaterunser

Segen:

Geht hin in Frieden,
denn selig seid ihr, wenn ihr vor Gott nur ihr selber seid, sonst nichts.
Euch gehört das Himmelreich.

Frieden: „Fürchte dich nicht“

Eingangslied

Im Namen des Vaters und des Sohnes und des Heiligen Geistes. **Amen.**
Unsere Hilfe kommt von Gott unserem Herrn, der Himmel und Erde gemacht hat.

Fürchte dich nicht, denn ich habe dich erlöst,
ich habe dich bei deinem Namen gerufen,
du bist mein. *Jesaja 43. 1*

Das ganze Weltall gehört dem Herrn,
vom kleinsten Atom bis zum entferntesten Sonnensystem.

Sein Wohngebiet ist die ganze Erde,
er ist Vater und Mutter, Bruder und Schwester aller Menschen.

Wer darf an seine Haustür klopfen,
und wer darf seine Nähe erfahren?
Nur, wer den Nächsten nicht niederschlägt mit harter Faust,
nur der, der seinem Bruder ohne Vorurteil begegnet.

Denn wer auf Lüge und Betrug verzichtet
und für den Frieden eintritt,
zu dem bekennt sich Gott,
der geht den Weg, den Gott verlangt.

Nun öffnet die Tore weit und vergrößert die Türen,
damit der große König einziehen kann!

Wer ist denn dieser große König?
Wer ist stark und mächtig?

Er ist der Herr, der Starke, der Mächtige,
mächtig im Kampf gegen Hunger und Unterdrückung.

Nun öffnet die Tore weit und vergrößert die Türen,
damit der große König einziehen kann!
Wer ist denn dieser große König?

Es ist der Vater alles Lebendigen.
Er ist dieser große König. *nach Psalm 24 D. Zils*

Ehre sei dem Vater und dem Sohn und dem Heiligen Geist,
wie es war am Anfang, jetzt und alle Zeit,
und von Ewigkeit zu Ewigkeit. Amen

Lied — Erzählung / Meditation / Ansprache / Unterweisung — **Lied**

Gebet
Vaterunser

Segen:

Geht hin in Frieden;
denn selig seid ihr, wenn ihr Frieden stiftet hier auf Erden.
Ihr seid meine Kinder.

Die Schöpfung

Eingangslied

Im Namen des Vaters und des Sohnes und des Heiligen Geistes. **Amen.**
Unsere Hilfe kommt von Gott unserem Herrn, der Himmel und Erde gemacht hat.

Ich glaube an Gott, den Schöpfer des Himmels und der Erde.

Alle Länder der Erde, die Regierungen aller Völker,
die Bewohner der Städte, die Menschen aller Landschaften
haben einen Wunsch:

Sie loben Gott, ihren Herrn.
Sie führen keine Kriege mehr.

Sie mißhandeln keine Menschen.
Sie kämpfen nicht mehr gegeneinander.

Sie zerstören nicht mehr die Erde,
sie legen die Schöpfung zurück in Gottes Hand.

Sie haben erkannt: Gott allein ist der Herr.
Sie dienen Gott mit großer Freude:

Helfen und Heilen ist ihnen in Fleisch und Blut übergegangen.
Ihre Freude wirkt wie eine ansteckende Gesundheit.

Noch viele Menschen werden diese Freude weitergeben
und von ihr erzählen:

Alle Länder der Erde, die Regierungen aller Völker,
die Bewohner der Städte, die Menschen aller Landschaften
verwirklichen die Güte Gottes. *nach Psalm 100 u. s.*

Ehre sei dem Vater und dem Sohn und dem Heiligen Geist,
wie es war am Anfang, jetzt und alle Zeit,
und von Ewigkeit zu Ewigkeit. Amen

Lied — Erzählung / Meditation / Ansprache / Unterweisung — **Lied**

Gebet:

Eines Tages,
Herr,
wird die Erde blühen.
Die Wüsten werden zum Garten Eden.
Die Menschen gehen auf die Straße
und teilen die Liebe aus,
Liebe aus erster Hand.

Vaterunser

Segen:

Geht hin in Frieden;
denn selig sind, die unsere Welt beschützen.
Ihr werdet leben.

Texte zum Nachdenken und Beten

Glück

Ich halte Jesus von Nazareth für den glücklichsten Menschen, der je gelebt hat. Jesus erscheint in den Evangelien als ein Mensch, der seine Umgebung mit Glück ansteckte, der seine Kraft weitergab, der verschenkte, was er hatte. Weil ihm alles gehört, der Himmel, die Seligkeit, das Reich, das er ansagt und darstellt, darum braucht er sich nicht festzuhalten.

Dorothee Sölle

*

Verheißungen

Endlich einer, der sagt: „Selig die Armen!“ und nicht: Wer Geld hat, ist glücklich! Endlich einer, der sagt: „Liebe deine Feinde!“ und nicht: Nieder mit den Konkurrenten! Endlich einer, der sagt: „Selig, wenn man euch verfolgt!“ und nicht: Paßt euch in jeder Lage an! Endlich einer, der sagt: „Der Erste soll der Diener sein!“ und nicht: Zeige, wer du bist! Endlich einer, der sagt: „Was nutzt es dem Menschen, wenn er die ganze Welt gewinnt!“ und nicht: Hauptsache vorwärtskommen! Endlich einer, der sagt: „Wer an mich glaubt, wird leben in Ewigkeit!“ und nicht: Was tot ist ist tot!

Josef Dirnbeck, Martin Gute

*

Frieden

Ich brauche Frieden, ich möchte verstanden und ernstgenommen werden, ich möchte reden können, ohne daß ihr mir über den Mund fahrt, ich möchte Gedanken äußern können, ohne daß ihr mich auslacht. Ich brauche Frieden, denn nur wenn ihr mir vertraut, kann ich vertrauen. Ich will mich mit euch streiten können, ohne daß ihr mir deshalb den Krieg erklärt. Sagt mir, wenn euch etwas an mir stört, ich will auch ehrlich sein. Ich brauche Frieden, ich will mit euch am runden Tisch sitzen, wo keiner oben und keiner unten sitzt. Im Kreis will ich weitergeben, was ich habe, und empfangen, was ihr mir geben könnt. Brot für mich, Wein für mich, Frieden für uns.

*

Frieden

Wir beten für alle, die im Sumpf des Alltäglichen festsitzen, die täglich Streit und Haß erleben, die sich nach echtem Frieden sehnen. Wir beten für alle, die versuchen, eine neue Lebensform zu finden.

Frieden ist nicht etwas, das man zufällig auf der Straße findet. Frieden ist das Ergebnis konfliktreicher Diskussion. Frieden ist Mitentscheiden.

*

Hoffnung

Wir beten für alle, die Angst haben vor dem neuen Tag, die in den Betonwüsten der Städte wohnen, die ein Leben ohne Hoffnung führen. Wir beten für alle, die versuchen, eine neue Lebensform zu finden.

Hoffnung ist nicht etwas, das man in den Regalen der Kaufhäuser findet. Hoffnung ist der Traum von einer menschlichen Welt. Hoffnung ist der Weg in die Zukunft.

Ökumene

Menschen,
die miteinander die Zeit bedenken,
Menschen,
die voreinander Fehler zugeben,
Menschen,
die sich nichts vormachen.

Menschen,
die das Leben anderer achten,
Menschen,
die ihre Vorurteile bekämpfen,
Menschen,
die Andersartige verstehen wollen.

Menschen,
die sich nicht überschätzen,
Menschen, die sich nicht unterschätzen,
Menschen, die Frieden machen.

Ökumene
ist eine Gesinnung.

Eckart Bücken

*

Freude

Herr, ich werfe meine Freude wie Vögel an den Himmel. Die Nacht ist verflattert, und ich freue mich am Licht. So ein Tag, Herr, so ein Tag.
Herr, ich freue mich an der Schöpfung, und daß du dahinter bist, und daneben und davor und darüber und in uns.

Gebet aus Afrika

*

Neue Kirche

Herr, erwecke deine Kirche und fange bei mir an. Herr, baue deine Gemeinde, und fange bei mir an. Herr, laß Frieden überall auf Erden kommen und fange bei mir an. Herr, bring deine Liebe und Wahrheit zu allen Menschen und fange bei mir an.

*

Liebe

Wir beten für alle, die sich in der Masse alleingelassen fühlen, die nicht mehr den Mut haben, laut „Nein" zu schreien, die wie Nummern und nicht wie Menschen behandelt werden. Wir beten für alle, die versuchen, eine neue Lebensform zu finden.

Liebe ist nicht etwas, das einem zufällig in den Schoß fällt. Liebe ist das Gegenteil von Gleichgültigkeit. Liebe ist Revolution.

*

Hinnehmen — verändern

Gott, gib mir Kraft, zu ändern, was zu ändern ist. Gib mir die Gelassenheit, hinzunehmen, was nicht zu ändern ist. Gib mir Weisheit, das eine vom anderen zu unterscheiden.

F. Chr. Oetinger zugeschrieben

Herr, mach mich zu einem Werkzeug deines Friedens,

daß ich Liebe übe, wo man sich haßt,
daß ich verzeihe, wo man sich beleidigt,
daß ich verbinde, wo Streit ist,
daß ich die Wahrheit sage, wo der Irrtum herrscht,
daß ich den Glauben bringe, wo der Zweifel drückt,
daß ich die Hoffnung wecke, wo Verzweiflung quält,
daß ich ein Licht anzünde, wo die Finsternis regiert,
daß ich Freude mache, wo der Kummer wohnt.
Herr, laß du mich trachten,
nicht, daß ich getröstet werde,
sondern daß ich tröste,
nicht, daß ich verstanden werde,
sondern daß ich andere verstehe,
nicht, daß ich geliebt werde,
sondern daß ich andere liebe.
Denn wer hingibt, der empfängt.
Wer sich selbst vergißt, der findet.
Wer verzeiht, dem wird verziehen.
Und wer stirbt, erwacht zum ewigen Leben.

aus: Souvenir normand, um 1913 nach der franziskanischen Tradition

*

Mut zum Brückenbauen

Herr, ich möchte den Mut zum Bau von Brücken haben, zwischen mir und denen, die ich nicht mag und nicht verstehen kann. Die mir mißtrauen oder mich enttäuschen, zwischen mir und den Mitarbeitern meiner Gemeinde, und denen, mit denen ich im Streit lebe. Brücken auch für die, die untereinander streiten. Brücken zwischen meinem Kreis und anderen Kreisen, meiner Generation, meiner sozialen Gruppe und anderen Gruppen. Brücken zu denen, die draußen sind, den Enttäuschten, den in Vorurteil Befangenen, den Abgefallenen, den Spöttern und Feinden. Ich möchte den Mut zum Brückenbau haben auch dort, wo Brückenbau unpopulär ist, quer hindurch durch die eisernen Vorhänge der Angst, der Selbstgerechtigkeit. Ich bitte Dich um den Mut zum Brückenbau!

Ernst Lange

*

Frieden

Die uns Frieden bringen,
mit offenen Armen werden wir sie empfangen.

Die uns den Frieden bringen,
mit offenen Ohren wollen wir auf sie hören.

Die uns den Frieden bringen,
mit offenen Herzen lassen wir uns beschenken.

Eckart Bücken

Hoffnung

Wenn der Stacheldraht blüht,
werden wir erleben,
wie tötende Raketen im Rost zerfallen,
wie mordende Bomben nie mehr zünden,
wie zerstörende Gedanken zusammenfügen,
wie verletzende Hände heilen,
wie wir einander finden
ohne Feindbilder
im Frieden.

u. s.

*

Befreiung

Nur das Wasser, das wir zu trinken gaben,
wird uns erfrischen.

Nur das Brot, das wir zu essen gaben,
wird uns sättigen.

Nur das Kleid, das wir verschenkten,
wird uns bekleiden.

Nur das Wort, das Leiden linderte,
wird uns trösten.

Nur der Kranke, den wir besuchten,
wird uns heilen.

Nur der Gefangene, den wir befreiten,
wird uns erlösen.

T. Consalvatica

*

Wahres Glück (nach Psalm 2)

Selig, die behutsam und freundlich sind,
ihnen wird diese Erde gehören.

Selig, die sich selbst nicht so wichtig nehmen,
sie haben den längeren Atem.

Selig, die bereit sind zu selbstlosem Dienst,
es wird sich erweisen, daß sie mehr zustande bringen als die,
die sich von allen Seiten bedienen lassen.

Selig, die auf der Seite der Schwächeren stehen,
sie werden nicht erst in einem fernen Jenseits
die wirklich Starken sein.

Wahres Glück finden und schaffen die,
die ihre Liebe und Güte der Gewalt entgegenstellen.
Der Christus im Elend,
selbst ein Gescheiterter,
ist mit uns.

Diethard Zils

Glaubensbekenntnisse

Das Apostolische Glaubensbekenntnis

Ich glaube an Gott, den Vater, den Allmächtigen,
den Schöpfer des Himmels und der Erde.

Und an Jesus Christus,
seinen eingeborenen Sohn, unsern Herrn,
empfangen durch den Heiligen Geist,
geboren von der Jungfrau Maria,
gelitten unter Pontius Pilatus,
gekreuzigt, gestorben und begraben,
hinabgestiegen in das Reich des Todes,
am dritten Tage auferstanden von den Toten,
aufgefahren in den Himmel;
er sitzt zur Rechten Gottes, des allmächtigen Vaters;
von dort wird er kommen,
zu richten die Lebenden und die Toten.

Ich glaube an den Heiligen Geist,
die heilige christliche Kirche,
Gemeinschaft der Heiligen,
Vergebung der Sünden,
Auferstehung der Toten und das ewige Leben.

*

Wir glauben

Wir glauben an Gott, den Vater,
Schöpfer der Welt und der Menschen,
wir glauben an Gott,
er gab denen, die unter dem Gesetz litten, die Liebe,
er gab denen, die fremd waren im Land, ein Zuhause,
er gab denen, die unter die Räuber fielen, seine Hilfe.

Wir glauben an Jesus Christus, Sohn Gottes,
unseren Bruder und Erlöser,
wir glauben an Jesus Christus,
er gab denen, die Hunger hatten, zu essen,
er gab denen, die im Dunkel lebten, das Licht,
er gab denen, die im Gefängnis saßen, die Freiheit.

Der Gott, an den ich glaube, ist kein anderer,
als Jesus von Nazareth.
Alle Tage stirbt er,
gekreuzigt durch unseren Egoismus.
Alle Tage steht er wieder auf,
durch unsere Liebe.

Amen.

Nicaragua — u. s.

Weil Gott die Menschen liebt

Ich glaube an Gott, den Vater, den Allmächtigen.

Weil Gott die Menschen liebt,
bricht er die Macht des Bösen.

Weil Gott den langen Atem hat,
feiern wir den Sieg über das Unrecht.

Weil Gott die Macht ist,
kann kein anderer mehr über uns herrschen.

Ich glaube an Jesus Christus, seinen eingeborenen Sohn, unsern Herrn.

Weil Jesus als Mensch lebte,
zeigte er uns einen menschlichen Glauben,
er versteht uns bis in unser Herz.

Weil Jesus mit Gott lebte,
darum erzählte er uns von seiner unbegreiflichen Liebe.

Weil Jesus ein Gott unter den Menschen war,
darum heilte er Kranke, tröstete Verzweifelte
und öffnete uns die Augen für die Armen in der Welt.

**Ich glaube an den Heiligen Geist,
die heilige christliche Kirche, Gemeinschaft der Heiligen.**

Weil der Geist Gottes sich nicht einfangen läßt,
darum bleibt er unter uns lebendig und weht, wo er will.

Weil die christliche Kirche aus vielen Menschen besteht,
darum ist Gott an keine toten Gebäude gebunden, er lebt da, wo er will.

Weil die Christen sich auf Gott berufen,
können sie den Frieden Gottes mutig vertreten,
sie wirken da, wo Gott sie hinstellt.

u. s.

*

Wir bekennen

Wir bekennen Jesus Christus
als den Heiland der Menschen und das Licht der Welt.
Gemeinsam unterstellen wir uns seinem Gebot.
Ihn unter den Menschen zu bezeugen,
übernehmen wir von neuem als unseren Beruf.
Allen Menschen bieten wir uns an zum Dienst in der Liebe,
mit der allein er uns liebt.
Von neuem bekennen wir seinen Auftrag,
in ihm unsere Einheit sichtbar zu machen.
Dazu bitten wir um die Gnade des Heiligen Geistes.

*Vollversammlung des Ökumenischen Rats der Kirchen,
New Delhi 1961*

Mein Glaubensbekenntnis

**Ich glaube an Gott, den Vater,
Schöpfer des Himmels und der Erde.**

Ich glaube, daß Gott so groß ist, daß ich ihn niemals begreifen kann, und daß er da ist, ohne daß ich ihn sehe. Ich glaube, daß er der Herr ist über alle Kräfte dieser Welt: über Raumflug und Kernspaltung, über das Schicksal der Erde und über meinen Alltag.

Ich glaube, daß ich nie allein bin. Gott ist bei mir. Er ist mein Vater. Er hat alles gemacht, auch mich.

Ich glaube an Jesus Christus, Gottes Sohn, unsern Herrn.

Ich glaube, daß Gott diese Welt in seinen Händen hält, und daß er die Menschen liebt. Er hat seinen Sohn als Mensch zu den Menschen gesandt. Um unsere Entfernung von ihm zu überbrücken, wurde Christus ans Kreuz geschlagen und durchschritt das Reich der Toten.

Er ist wahrhaftig auferstanden und mein Bruder.

**Ich glaube an den Heiligen Geist, die Kirche Jesu Christi,
die Gemeinschaft der Heiligen.**

Ich glaube, daß der Geist Gottes uns verbindet. Hinweg über Länder und Kontinente, über Rassenunterschiede und Altersgrenzen. Um mich her besteht die große Gemeinde der Christen. Ich gehöre zu ihr. Ich glaube, daß ich mich nie soweit von Gott entfernen kann, daß es keinen Rückweg mehr gäbe. Daß ich mich niemals so schrecklich in die Irre verlieren kann, daß Gott mich nicht wieder zu sich holen wollte.

Ich glaube, daß Gott für mich das Leben will und nicht den Tod, die Freude und nicht die Traurigkeit, daß er bei mir ist heute und bis in alle Ewigkeit. Amen.

u. s.

Mein Fels (nach Psalm 18)

Herr, du bist ein Fels, von dem mich niemand werfen kann.
    Herr, du bist meine Burg, in der ich mich sicher fühle.
Herr, du bist mein Zuhause, in dem ich mich wohlfühle.
    Herr, du bist mein Gott, auf dich kann ich mich verlassen.

u. s.

*

Gott, zu dir rufe ich

In mir ist es finster, aber bei dir ist das Licht.
Ich bin einsam, aber du verläßt mich nicht.
Ich bin kleinmütig, aber bei dir ist die Hilfe.
Ich bin unruhig, aber bei dir ist der Friede.
In mir ist Bitterkeit, aber bei dir ist die Geduld.
Ich verstehe deine Wege nicht,
aber du weißt den Weg für mich.

Dietrich Bonhoeffer

Vertrauen

Ich glaube,
daß Gott aus allem, auch aus dem Bösesten,
Gutes entstehen lassen kann und will.
Dafür braucht er Menschen,
die sich alle Dinge zum Besten dienen lassen.

Ich glaube,
daß Gott uns in jeder Notlage
soviel Widerstandskraft geben will,
wie wir brauchen.
Aber er gibt sie nicht im voraus,
damit wir uns nicht auf uns selbst,
sondern allein auf ihn verlassen.
In solchem Glauben müßte alle Angst
vor der Zukunft überwunden sein.

Ich glaube,
daß Gott kein zeitloses Fatum ist,
sondern daß er auf aufrichtige Gebete
und verantwortliche Taten wartet und antwortet.

Dietrich Bonhoeffer

*

Glaube

Ich glaube an Gott,
meinen Schöpfer
und den Schöpfer der Welt.

Ich glaube an den Sohn Gottes,
der uns geholfen hat,
das Böse zu überwinden.

Ich glaube an den Heiligen Geist,
der mich den Glauben lehrt,
der mir hilft, in der Welt zu bestehen.

Ich glaube, daß Jesus
mir den Weg durch das Leben zeigt,
er gibt mir den Sinn des Lebens,
er ist Maßstab für mein Handeln.
Ich glaube, daß mich Jesus erlösen wird.

Ich glaube an die Gemeinschaft der Menschen,
die sich um Jesus geschart hat.
Ich glaube,
daß die Gemeinschaft mich unterstützt
in meinem Tun.
Ich glaube,
daß ich mit der Gemeinschaft bin.

Thomas DDR

Sendung und Segen

Stärken

Der Herr stärke und ermutige euch,
er möge euch behüten,
er sei um euch und lasse sich finden.
Er helfe euch, daß ihr anderen Frieden bringt.

ESG, Konstanz

*

Bewahren

Der Friede Gottes, der größer ist, als unser Denken erfassen kann,
bewahre euch, eure Gedanken, eure Seele und eure Gesundheit,
wo immer ihr lebt und arbeitet,
wo ihr Erfolg habt oder versagt.
Der Herr sei mit euch. Amen.

u. s.

*

Schützen

Herr unseres Lebens, begleite uns.
Nimm alles Leben in deinen Schutz.
Mach uns zu Helfern deines guten Willens mit uns Menschen.
Wir befehlen uns in deine Hand.

Dr. Roman Roessler

*

Friedensbringer

Es ist hoffnungslos, in unserer Zeit an den Frieden zu glauben.
Wir haben aber Hoffnung, unserer Zeit den Frieden zu bringen:
den Menschen, die sich aufreiben in ihrer Ruhelosigkeit,
den Menschen, sie sich ausruhen in ihrer Gleichgültigkeit,
denen, die um des Friedens willen Krieg führen,
denen, die um der Liebe willen hassen.
Ihr aber seid Friedensbringer.
Nehmt eure Chance wahr.

u. s.

*

Gott schütze dich

Gott, unser Herr,
der dich überall und zu jeder Zeit hört und sieht,
schütze dich,
wende Sorge und Not von dir ab
und lasse dich in seinem Frieden leben.

*

Verantwortung tragen

Geht mit der Einsicht, daß wir als Christen Verantwortung tragen für alle Menschen.
Ja, Amen.
Geht mit der Absicht, in Wort und Tat einzustehen für Gerechtigkeit, Liebe und Frieden.
Ja, Amen.
Geht mit der Aussicht, daß der Herr euch begegnet, wenn ihr dem Geringsten seiner Brüder Gutes tut.
Ja, Amen.
Es segne euch der allmächtige Vater, der Sohn und der Heilige Geist,
Amen.

u. s.

*

Anderen helfen

Gott sendet uns, seinen Willen zu tun.
Er selbst hat unsere Aufgaben vorgelebt.
Wir brauchen darum keine Angst zu haben,
uns in Mitleidenschaft ziehen zu lassen,
in die Not des Nächsten, in das Leid des anderen.
Gott sendet uns, Unruhe zu stiften, wo Zufriedenheit lähmt.
Hoffnung zu wecken, wo Resignation herrscht.
Freude zu bringen, wo Leid ist.
Amen.

Ökumenische Dienstgruppe „Altstadt", Düsseldorf

*

Aussendung

Christus spricht:
Wie mich mein Vater gesandt hat, so sende ich euch —
wie ein Schaf unter die Wölfe, die Schwachen unter die Starken,
die Empfindsamen unter die, die über Leichen gehen.

So sende ich euch:
die um Gerechtigkeit kämpfen in einem Meer des Unrechts.
Der Friede Gottes der höher ist als eure Vernunft,
bewahre euch und eure Sinne in Jesus Christus unserem Herrn.

u. s.

*

Friedensgruß

Der Friede Gottes,
der alles, was wir zur Sache des Friedens zu denken wagen,
übersteigt,
halte unseren Verstand wach,
unsere Hoffnung groß,
und mache unsere Liebe stark.

Schalom-Norderstedt

Zusage

Geht mit der Einsicht,
daß Jesus euch bei eurem Namen gerufen hat
und ihr zu ihm gehört.

Geht mit der Absicht,
ihm euren Dank zu sagen mit Worten und Taten,
mit Händen und Füßen.

Geht mit der Aussicht,
daß Jesus bei euch ist bis ans Ende der Welt.

*

Vertrauen und Segen

Wenn der Boden unter meinen Füßen schwankt, reichst du mir deine Hand und hältst mich fest. Wenn ich keinen Boden mehr unter den Füßen habe, stellst du mich auf festen Grund. Wenn die Erde sich auftut, um mich zu verschlingen, umgibst du mich mit deiner Liebe, denn dein Reich ist nicht zu zerstören. So bleibe bei uns, mit deinem Segen für Leib und Seele. So bleibe bei uns, mit deiner Kraft für Geist und Sinn. So bleibe bei uns, mit deiner Liebe auf allen unsren Wegen. Bleibe bei uns, Herr, mit deinem Segen.

u. s.

*

Zuspruch

Keinen Tag soll es geben, an dem du sagen mußt, ich halte es nicht mehr aus. Keinen Tag soll es geben, an dem du sagen mußt, es ist keiner da, der mir aufhilft, und mit mir weitergeht. Und der Friede Gottes, der höher ist als alle unsere Vernunft, bewahre unsere Herzen und Sinne in Jesus Christus, unserem Herrn. Und weil der Gott des Friedens mit uns ist, darum gebt euch ein Zeichen des Friedens.

u. s.

*

Aufforderung zum Frieden

Fangt an,
euren Haß zu besiegen, andere nicht mehr zu zerstören;
fangt an,
euren Mut umzuwandeln in phantasievolle Kraft.
Durchbrecht das Prinzip: Auge um Auge, Zahn um Zahn.
Fangt an,
so zu leben, wie Jesus lebte.

*

Verpflichtung zum Frieden

Wenn du für den Frieden eintrittst, dann ohne Haß,
wenn du für den Frieden arbeitest, dann ohne Zwang,
wenn du auf den Frieden hoffst, dann ohne Angst.
Fang bei dir selber an, Frieden zu schaffen, ohne tötende Waffen;
denn Gott sagt:
Fürchte dich nicht, ich habe dich erlöst,
ich habe dich bei deinem Namen gerufen, du bist mein.

u. s.

u. s. = Uwe Seidel

NE 228

Lieder aus dem evangelischen Kirchengesangbuch

A 1 Es kommt ein Schiff (EKG 4)

2. Das Schiff geht still im Triebe, es trägt ein teure Last; das Segel ist die Liebe, der Heilge Geist der Mast.

3. Der Anker haft' auf Erden, da ist das Schiff am Land. Das Wort tut Fleisch uns werden, der Sohn ist uns gesandt.

Nach Johannes Tauler (um 1300—1361), von Daniel Sudermann 1626

A 2 Macht hoch die Tür

(EKG 6)

2. Er ist gerecht, ein Helfer wert; Sanftmütigkeit ist sein Gefährt, sein Königskron ist Heiligkeit, sein Zepter ist Barmherzigkeit; all unsre Not zum End er bringt, derhalben jauchzt, mit Freuden singt: Gelobet sei mein Gott, mein Heiland groß von Tat.

3. O wohl dem Land, o wohl der Stadt, so diesen König bei sich hat. Wohl allen Herzen insgemein, da dieser König ziehet ein. Er ist die rechte Freudensonn, bringt mit sich lauter Freud und Wonn. Gelobet sei mein Gott, mein Tröster früh und spat.

4. Komm, o mein Heiland, Jesu Christ, meins Herzens Tür dir offen ist. Ach zieh mit deiner Gnaden ein; dein Freundlichkeit auch uns erschein. Dein Heilger Geist uns führ und leit den Weg zur ewgen Seligkeit. Dem Namen dein, o Herr, sei ewig Preis und Ehr.

Georg Weissel 1623

A 3 Die Nacht ist vorgedrungen

(EKG 14)

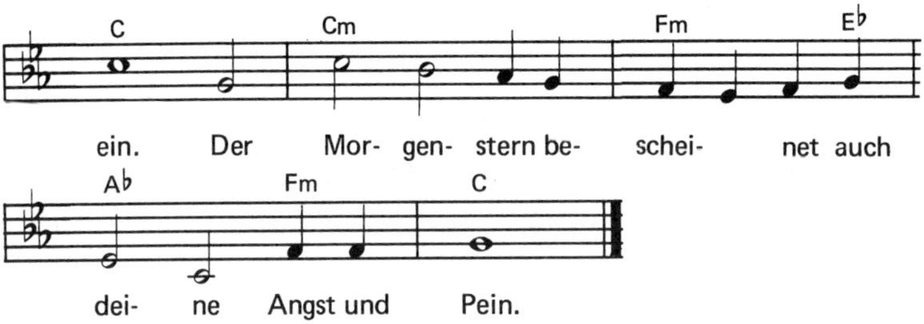

2. Dem alle Engel dienen, wird nun ein Kind und Knecht. Gott selber ist erschienen zur Sühne für sein Recht. Wer schuldig ist auf Erden, verhüll nicht mehr sein Haupt. Er soll errettet werden, wenn er dem Kinde glaubt.

3. Die Nacht ist schon im Schwinden, macht euch zum Stalle auf! Ihr sollt das Heil dort finden, das aller Zeiten Lauf von Anfang an verkündet, seit eure Schuld geschah. Nun hat sich euch verbündet, den Gott selbst ausersah.

4. Noch manche Nacht wird fallen auf Menschenleid und -schuld. Doch wandert mit uns allen der Stern der Gotteshuld. Beglänzt von seinem Lichte, hält euch kein Dunkel mehr. Von Gottes Angesichte kam euch die Rettung her.

Text: Jochen Klepper 1938, Musik: Johannes Petzold 1939

A 4 Wißt ihr noch, wie es geschehen? (EKG 414)

2. Stille war es um die Herde. Und auf einmal war ein Leuchten und ein Singen ob der Erde, daß das Kind geboren sei.

3. Eilte jeder, daß ers sähe arm in einer Krippen liegen. Und wir fühlten Gottes Nähe. Und wir beteten es an.

4. Könige aus Morgenlanden kamen reich und hoch geritten, daß sie auch das Kindlein fanden. Und sie beteten es an.

5. Und es sang aus Himmelshallen: Ehr sei Gott! Auf Erden Frieden! Allen Menschen Wohlgefallen, welche Gottes Kinder sind!

6. Immer werden wir's erzählen, wie das Wunder einst geschehen und wie wir den Stern gesehen mitten in der dunklen Nacht.

Text: Hermann Claudius 1939, Musik: Christian Lahusen

A 5 Jesus ist kommen

(EKG 53)

2. Jesus ist kommen, nun springen die Bande, Stricke des Todes die reißen entzwei. Unser Durchbrecher ist nunmehr vorhanden; er, der Sohn Gottes, der machet recht frei, bringet zu Ehren aus Sünde und Schande; Jesus ist kommen, nun springen die Bande.

3. Jesus ist kommen, die Quelle der Gnaden; komme, wen dürstet, und trinke, wer will! Holet für euren so giftigen Schaden Gnade aus dieser unendlichen Füll! Hier kann das Herze sich laben und baden. Jesus ist kommen, die Quelle der Gnaden.

4. Jesus ist kommen, die Ursach zum Leben. Hochgelobt sei der erbarmende Gott, der uns den Ursprung des Segens gegeben; dieser verschlinget Fluch, Jammer und Tod. Selig, die ihm sich beständig ergeben! Jesus ist kommen, die Ursach zum Leben.

Ludwig Allendorf 1736

A 6 Wir danken dir, Herr Jesu Christ

(EKG 59)

2. und bitten dich, wahr' Mensch und Gott, durch deine heilgen Wunden rot: erlös uns von dem ewgen Tod und tröst uns in der letzten Not.

3. Behüt uns auch vor Sünd und Schand und reich uns dein allmächtig Hand, daß wir im Kreuz geduldig sein, uns trösten deiner schweren Pein

4. und schöpfen draus die Zuversicht, daß du uns werdst verlassen nicht, sondern ganz treulich bei uns stehn, daß wir durchs Kreuz ins Leben gehn.

Christoph Fischer 1568

A 7 Christ ist erstanden (EKG 75)

12. Jahrhundert

A 8 Wir wollen alle fröhlich sein

(EKG 82)

Nach jeder Strophe kann gesungen werden:

Halleluja, Halleluja, Halleluja, Halleluja, gelobet sei Christus, Marien Sohn.

2. Es ist erstanden Jesus Christ, der an dem Kreuz gestorben ist, dem sei Lob, Ehr zu aller Frist.

3. Er hat zerstört der Höllen Pfort und all die Sein' herausgeführt und uns erlöst vom ewgen Tod.

4. Wir singen alle Lob und Preis dem eingen Gottessohne weis', der uns erkauft das Paradeis.

5. Es freu sich alle Christenheit und lobe die Dreifaltigkeit von nun an bis in Ewigkeit.

Nach dem „Resurrexit dominus" (15. Jahrhundert), bei Cyriakus Spangenberg 1568

A 9 O komm, du Geist der Wahrheit

(EKG 108)

2. O du, den unser größter Regent uns zugesagt: komm zu uns, werter Tröster, und mach uns unverzagt. Gib uns in dieser schlaffen und glaubensarmen Zeit die scharf geschliffnen Waffen der ersten Christenheit.

3. Unglaub und Torheit brüsten sich frecher jetzt als je; darum mußt du uns rüsten mit Waffen aus der Höh. Du mußt uns Kraft verleihen, Geduld und Glaubenstreu und mußt uns ganz befreien von aller Menschenscheu.

Philipp Spitta 1827

A 10 Allein Gott in der Höh sei Ehr (EKG 131)

2. Wir loben, preisn, anbeten dich; für deine Ehr wir danken, daß du, Gott Vater, ewiglich regierst ohn alles Wanken. Ganz ungemessn ist deine Macht, fort gschieht, was dein Will hat bedacht. Wohl uns des feinen Herren!

3. O Jesu Christ, Sohn eingeborn deines himmlischen Vaters, Versöhner der', die warn verlorn, du Stiller unsers Haders, Lamm Gottes, heilger Herr und Gott: nimm an die Bitt von unsrer Not, erbarm dich unser aller.

4. O Heilger Geist, du höchstes Gut, du allerheilsamst Tröster: vor Teufels Gwalt fortan behüt, die Jesus Christ erlöset durch große Martr und bittern Tod; abwend all unsern Jammr und Not! Darauf wir uns verlassen.

Das „Gloria in excelsis" deutsch von Nikolaus Decius 1522

A 11 Verleih uns Frieden (EKG 139)

Martin Luther

A 12 Erhalt uns, Herr, bei deinem Wort (EKG 142)

2. Beweis dein Macht, Herr Jesu Christ, der du Herr aller Herren bist, beschirm dein arme Christenheit, daß sie dich lob in Ewigkeit.

3. Gott Heilger Geist, du Tröster wert, gib deim Volk ein'rlei Sinn auf Erd, steh bei uns in der letzten Not, g'leit uns ins Leben aus dem Tod.

Martin Luther 1542

A 13 Liebster Jesu, wir sind hier (EKG 151)

2. Ja, es schallet allermeist dieses Wort in unsern Ohren: Wer durch Wasser und durch Geist nicht zuvor ist neu geboren, wird von dir nicht aufgenommen und in Gottes Reich nicht kommen.

3. Unsern Ausgang segne Gott, unsern Eingang gleichermaßen, segne unser täglich Brot, segne unser Tun und Lassen, segne uns mit selgem Sterben und mach uns zu Himmelserben.

Str. 1 + 2: Benjamin Schmolck 1704, Str. 3: Hartmann Schenk 1680

A 14 Ich bin getauft auf deinen Namen (EKG 152)

2. Du hast zu deinem Kind und Erben, mein lieber Vater, mich erklärt; du hast die Frucht von deinem Sterben, mein treuer Heiland, mir gewährt; du willst in aller Not und Pein, o guter Geist, mein Tröster sein.

3. Mein treuer Gott, auf deiner Seite bleibt dieser Bund wohl feste stehn; wenn aber ich ihn überschreite, so laß mich nicht verlorengehn; nimm mich, dein Kind, zu Gnaden an, wenn ich hab einen Fall getan.

Johann Jakob Rambach 1734

A 15 Das sollt ihr, Jesu Jünger, nie vergessen (EKG 159)

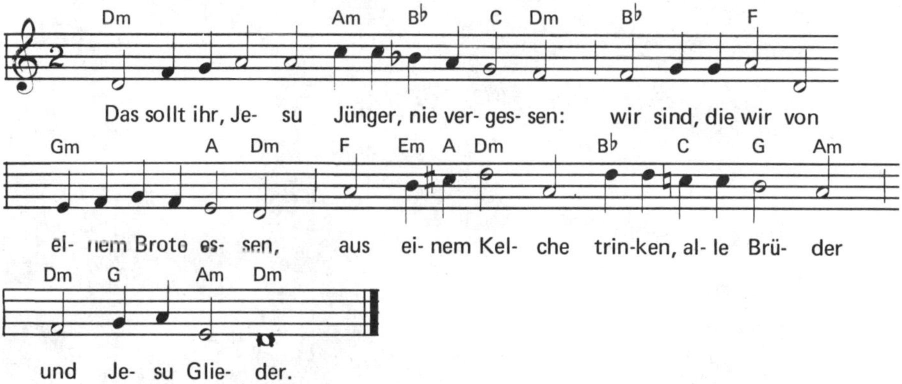

2. Wenn wir wie Brüder beieinander wohnten, Gebeugte stärkten und der Schwachen schonten, dann würden wir den letzten heilgen Willen des Herrn erfüllen.

3. Ach dazu müsse seine Lieb uns dringen! Du wollest, Herr, dies große Werk vollbringen, daß unter einem Hirten eine Herde aus allen werde.

Nach Johann Andreas Cramer 1780

A 16 Jauchzt, alle Lande, Gott zu Ehren (EKG 181)

2. Dir beuge sich der Kreis der Erde, dich bete jeder willig an, daß laut dein Ruhm besungen werde und alles dir bleib untertan. Kommt alle her, schaut Gottes Werke, die er an Menschenkindern tat! Wie wunderbar ist seine Stärke, die er an uns verherrlicht hat!

3. Rühmt, Völker, unsern Gott; lobsinget, jauchzt ihm, der uns sich offenbart, der uns vom Tod zum Leben bringet, vor Straucheln unsern Fuß bewahrt. Du läuterst uns durch heißes Leiden — das Silber reiniget die Glut —, durch Leiden führst du uns zu Freuden; ja, alles, was du tust, ist gut.

Matthias Jorissen 1793

A 17 Nun jauchzt dem Herren, alle Welt (EKG 187)

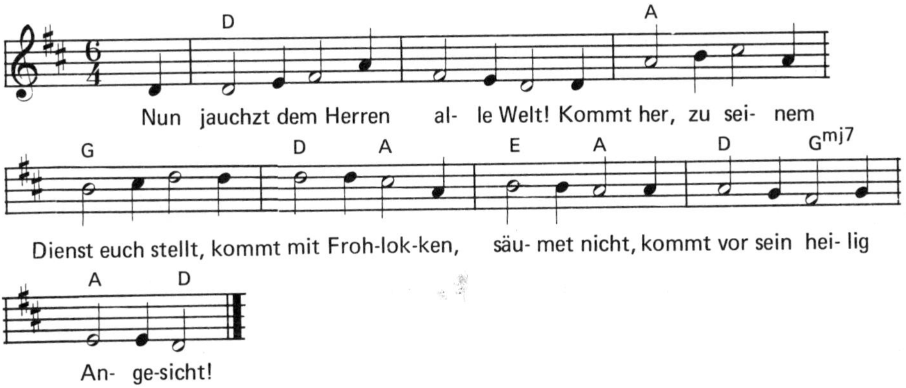

2. Erkennt, daß Gott ist unser Herr, der uns erschaffen ihm zur Ehr, und nicht wir selbst: durch Gottes Gnad ein jeder Mensch sein Leben hat.

3. Er hat uns ferner wohl bedacht und uns zu seinem Volk gemacht, zu Schafen, die er ist bereit zu führen stets auf gute Weid.

4. Die ihr nun wollet bei ihm sein, kommt, geht zu seinen Toren ein mit Loben durch der Psalmen Klang, zu seinem Vorhof mit Gesang.

5. Dankt unserm Gott, lobsinget ihm, rühmt seinen Namn mit lauter Stimm; lobsingt und danket allesamt! Gott loben, das ist unser Amt.

Noch Kornelius Becker 1602, von David Denicke 1646

A 18 Wohl denen, die da wandeln (EKG 190)

2. Von Herzensgrund ich spreche: dir sei Dank allezeit, weil du mich lehrst die Rechte deiner Gerechtigkeit. Die Gnad auch ferner mir gewähr; ich will dein Rechte halten, verlaß mich nimmermehr.

3. Mein Herz hängt treu und feste an dem, was dein Wort lehrt. Herr, tu bei mir das Beste, sonst ich zuschanden werd. Wenn du mich leitest, treuer Gott, so kann ich richtig laufen den Weg deiner Gebot.

4. Dein Wort, Herr, nicht vergehet, es bleibet ewiglich, so weit der Himmel gehet, der stets beweget sich; dein Wahrheit bleibt zu aller Zeit gleichwie der Grund der Erden, durch deine Hand bereit'.

Nach Kornelius Becker 1602

A 19 Aus tiefer Not schrei ich zu dir (EKG 195)

2. Bei dir gilt nichts denn Gnad und Gunst, die Sünde zu vergeben; es ist doch unser Tun umsonst auch in dem besten Leben. Vor dir niemand sich rühmen kann, des muß dich fürchten jedermann und deiner Gnade leben.

3. Darum auf Gott will hoffen ich, auf mein Verdienst nicht bauen; auf ihn mein Herz soll lassen sich und seiner Güte trauen, die mir zusagt sein wertes Wort; das ist mein Trost und treuer Hort, des will ich allzeit harren.

Martin Luther 1524

A 20 Du meine Seele, singe (EKG 197)

2. Wohl dem, der einzig schauet nach Jakobs Gott und Heil! Wer dem sich anvertrauet, der hat das beste Teil, das höchste Gut erlesen, den schönsten Schatz geliebt; sein Herz und ganzes Wesen bleibt ewig unbetrübt.

3. Er weiß viel tausend Weisen, zu retten aus dem Tod, ernährt und gibet Speisen zur Zeit der Hungersnot, macht schöne rote Wangen oft bei geringem Mahl; und die da sind gefangen, die reißt er aus der Qual.

4. Ach ich bin viel zu wenig, zu rühmen seinen Ruhm; der Herr allein ist König, ich eine welke Blum. Jedoch weil ich gehöre gen Zion in sein Zelt, ists billig, daß ich mehre sein Lob vor aller Welt.

Paul Gerhardt 1653

A 21 Ach bleib mit deiner Gnade (EKG 208)

2. Ach bleib mit deinem Worte bei uns, Erlöser wert, daß uns — beid, hier und dorte — sei Güt und Heil beschert.

3. Ach bleib mit deinem Glanze bei uns, du wertes Licht; dein Wahrheit uns umschanze, damit wir irren nicht.

4. Ach bleib mit deinem Segen bei uns, du reicher Herr; dein Gnad und alls Vermögen in uns reichlich vermehr.

Josua Stegmann 1627

A 22 Nun laßt uns Gott dem Herren (EKG 227)

2. Den Leib, die Seel, das Leben hat er allein uns geben; dieselben zu bewahren, tut er nie etwas sparen.

3. Wir bitten deine Güte, wollst uns hinfort behüten, uns Große mit den Kleinen; du kannsts nicht böse meinen.

4. Erhalt uns in der Wahrheit, gib ewigliche Freiheit, zu preisen deinen Namen durch Jesum Christum. Amen.

Ludwig Helmbold 1575

A 23 Sonne der Gerechtigkeit

(EKG 218)

2. Weck die tote Christenheit aus dem Schlaf der Sicherheit; mache deinen Ruhm bekannt überall im ganzen Land. Erbarm dich, Herr.

3. Schaue die Zertrennung an, der kein Mensch sonst wehren kann; sammle, großer Menschenhirt, alles, was sich hat verirrt. Erbarm dich, Herr.

4. Kraft, Lob, Ehr und Herrlichkeit sei dem Höchsten allezeit, der, wie er ist drei in ein, uns in ihm läßt eines sein. Erbarm dich, Herr.

Strophe 1: Christian David 1741, Strophe 2: Christian Gottlob Barth 1827, Strophe 3 und 4: Johann Christian Nehring 1704

Zusammengestellt, verändert und bearbeitet von O. Riethmüller

A 24 Ich singe dir mit Herz und Mund

(EKG 230)

2. Ich weiß, daß du der Brunn der Gnad und ewge Quelle bist, daraus uns allen früh und spat viel Heil und Gutes fließt.

3. Was sind wir doch? Was haben wir auf dieser ganzen Erd, das uns, o Vater, nicht von dir allein gegeben werd?

4. Wohlauf, mein Herze, sing und spring und habe guten Mut! Dein Gott, der Ursprung aller Ding, ist selbst und bleibt dein Gut.

Paul Gerhardt 1653

A 25 Lobe den Herren (EKG 234)

2. Lobe den Herren, der alles so herrlich regieret, der dich auf Adelers Fittichen sicher geführet, der dich erhält, wie es dir selber gefällt; hast du nicht dieses verspüret?

3. Lobe den Herren, der künstlich und fein dich bereitet, der dir Gesundheit verliehen, dich freundlich geleitet. In wieviel Not hat nicht der gnädige Gott über dir Flügel gebreitet!

Joachim Neander 1680

A 26 Von Gott will ich nicht lassen (EKG 283)

2. Auf ihn will ich vertrauen in meiner schweren Zeit. Es kann mich nicht gereuen, er wendet alles Leid. Ihm sei es heimgestellt; mein Leib, mein Seel, mein Leben sei Gott dem Herrn ergeben, er schaffs, wies ihm gefällt.

3. Es tut ihm nichts gefallen denn was mir nützlich ist. Er meints gut mit uns allen, schenkt uns den Herren Christ, sein' eingebornen Sohn. Durch ihn er uns bescheret, was Leib uns Seel ernähret. Lobt ihn ins Himmels Thron!

4. Lobt ihn mit Herz und Munde, welchs er uns beides schenkt; das ist ein selge Stunde, darin man sein gedenkt; denn sonst verdirbt all Zeit, die wir zubringn auf Erden. Wir sollen selig werden und bleibn in Ewigkeit.

L. Helmbold 1563

A 27 All Morgen ist ganz frisch und neu (EKG 336)

2. O Gott, du schöner Morgenstern, gib, was wir von deinr Lieb begehrn: all deine Licht' zünd in uns an, laß's Herz an Gnad kein Mangel han.

3. Treib aus, o Licht, all Finsternis, behüt uns, Herr, vor Ärgernis, vor Blindheit und vor aller Schand und biet und Tag und Nacht dein Hand,

4. zu wandeln als am lichten Tag, damit, was immer sich zutrag, wir stehn im Glauben bis ans End und bleiben von dir ungetrennt.

Johannes Zwick vor 1542

A 28 Gott des Himmels und der Erden (EKG 345)

2. Gott, ich danke dir von Herzen, daß du mich in dieser Nacht vor Gefahr, Angst, Not und Schmerzen hast behütet und bewacht, daß des bösen Feindes List mein nicht mächtig worden ist.

3. Führe mich, o Herr, und leite meinen Gang nach deinem Wort; sei und bleibe du auch heute mein Beschützer und mein Hort. Nirgends als von dir allein kann ich recht bewahret sein.

Heinrich Albert 1642

A 29 Lobet den Herren alle, die ihn ehren (EKG 347)

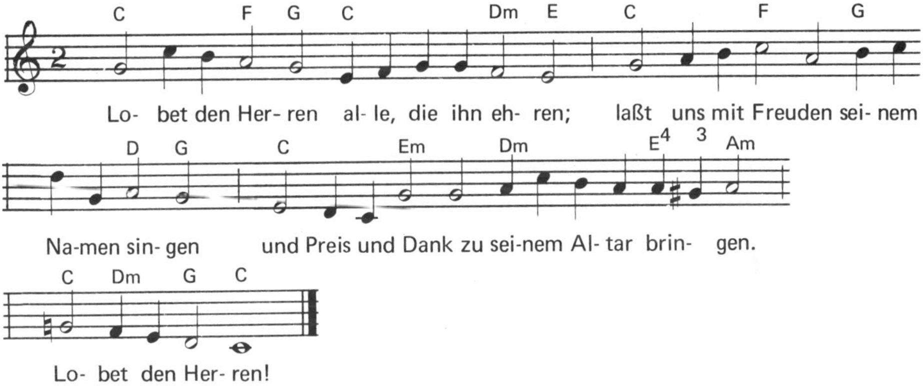

2. Der unser Leben, das er uns gegeben, in dieser Nacht so väterlich bedecket und aus dem Schlaf uns fröhlich auferwecket. Lobet den Herren!

3. Daß unsre Sinnen wir noch brauchen können und Händ und Füße, Zung und Lippen regen, das haben wir zu danken seinem Segen. Lobet den Herren!

4. Daß Feuerflammen uns nicht allzusammen mit unsern Häusern unversehns gefressen, das machts, daß wir in seinem Schoß gesessen. Lobet den Herren!

5. Daß Dieb und Räuber unser Gut und Leiber nicht angetast' und grausamlich verletzet, dawider hat sein Engel sich gesetzet. Lobet den Herren!

6. Gib, daß wir heute, Herr, durch dein Geleite auf unsern Wegen unverhindert gehen und überall in deiner Gnade stehen. Lobet den Herren!

Paul Gerhardt 1653

A 30 Er weckt mich alle Morgen

(EKG 542)

2. Er spricht wie an dem Tage, da er die Welt erschuf. Da schweigen Angst und Klage; nichts gilt mehr als sein Ruf. Das Wort der ew'gen Treue, die Gott uns Menschen schwört, erfahre ich aufs neue so, wie ein Jünger hört.

3. Er will, daß ich mich füge. Ich gehe nicht zurück. Hab nur in ihm Genüge, in seinem Wort mein Glück. Ich werde nicht zuschanden, wenn ich ihn nur vernehm. Gott löst mich aus den Banden. Gott macht mich ihm genehm.

4. Er ist mir täglich nahe und spricht mich selbst gerecht. Was ich von ihm empfahe, gibt sonst kein Herr dem Knecht. Wie wohl hats hier der Sklave, der Herr hält sich bereit, daß er ihn aus dem Schlafe zu seinem Dienst geleit.

5. Er will mich früh umhüllen mit seinem Wort und Licht, verheißen und erfüllen, damit mir nichts gebricht; will vollen Lohn mir zahlen, fragt nicht, ob ich versag. Sein Wort will helle strahlen, wie dunkel auch der Tag.

Text: Jochen Klepper 1938, Musik: Rudolf Zöbeley 1941

A 31 Mein schönste Zier und Kleinod

(EKG 358)

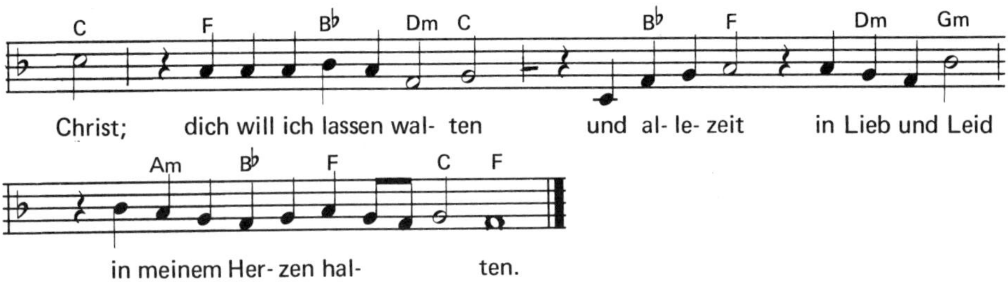

2. Dein Lieb und Treu vor allem geht, kein Ding auf Erd so fest besteht; solchs muß man frei bekennen. Drum soll nicht Tod, nicht Angst, nicht Not von deiner Lieb mich trennen.

3. Dein Wort ist wahr und trüget nicht und hält gewiß, was es verspricht, im Tod und auch im Leben. Du bist nun mein, und ich bin dein, dir hab ich mich ergeben.

4. Der Tag nimmt ab. Ach schönste Zier, Herr Jesu Christ, bleib du bei mir, es will nun Abend werden. Laß doch dein Licht auslöschen nicht bei uns allhier auf Erden.

Leipzig 1597

A 32 Der Mond ist aufgegangen (EKG 368)

2. Wie ist die Welt so stille und in der Dämmrung Hülle so traulich und so hold als eine stille Kammer, wo ihr des Tages Jammer verschlafen und vergessen sollt.

3. Seht ihr den Mond dort stehen? Er ist nur halb zu sehen und ist doch rund und schön. So sind wohl manche Sachen, die wir getrost belachen, weil unsre Augen sie nicht sehn.

4. Wir stolzen Menschenkinder sind eitel arme Sünder und wissen gar nicht viel. Wir spinnen Luftgespinste und suchen viele Künste und kommen weiter von dem Ziel.

5. So legt euch denn, ihr Brüder, in Gottes Namen nieder; kalt ist der Abendhauch. Verschon uns, Gott, mit Strafen und laß uns ruhig schlafen. Und unsern kranken Nachbarn auch!

Matthias Claudius 1779

A 33 Geh aus, mein Herz

(EKG 371)

2. Die Bäume stehen voller Laub, das Erdreich decket seinen Staub mit einem grünen Kleide; Narzissus und die Tulipan die ziehen sich viel schöner an als Salomonis Seide.

3. Die Lerche schwingt sich in die Luft, das Täublein fliegt aus seiner Kluft und macht sich in die Wälder; die hochbegabte Nachtigall ergötzt und füllt mit ihrem Schall Berg, Hügel, Tal und Felder.

4. Ich selber kann und mag nicht ruhn, des großen Gottes großes Tun erweckt mir alle Sinnen; ich singe mit, wenn alles singt, und lasse, was dem Höchsten klingt, aus meinem Herzen rinnen.

Paul Gerhardt 1653

A 34 Jesus hat seine Herrschaft bestellt (EKG 488)

2. Kein Volk so fremd, kein Land so fern, es priese nicht den lieben Herrn, die Kindlein haben seiner Macht ein stammelnd Loblied dargebracht.

3. Wo er regiert, wird alles neu, dort springen die Gefangnen frei, den Müden schenkt er Ruhestatt und die, die hungern, macht er satt.

4. Ein jed' Geschöpf ihn preisen soll, den König aller Ehren voll! Er hat den Himmel aufgetan, die Erde stimmt ihr Loblied an.

Deutsch von Johann Christoph Hampe 1950

1. Jesus shall reign where'er the sun does his succesive journeys run; His kingdom stretch from shore to shore, till moons shall wax and wane no more.

2. People and realms of ev'ry tongue dwell on His love with sweetest song, and infant voices shall proclaim their early blessings on His name.

3. Blessings abound where'er He reigns; the pris'ner leaps to lose his chains; the weary find eternal rest, and all the sons of want are blest.

4. Let every creature rise and bring peculiar honours to our King; angels descend with songs again, and earth repeat the long Amen.

Isaac Watts 1707

1. Tant que le monde durera Christ notre Maître régnera, tant que les astres glorieux rayonneront du haut des cieux.

2. Les peuples chanteront toujours les grands bienfaits de son amour; les voix d'enfants proclameront la majesté de son Saint Nom.

3. Il a soumis le monde entier, rompu les liens des prisonniers, donné la paix aux malheureux, et béni tous les miséreux.

4. Frères, levons-nous avec foi pour rendre hommage à notre roi; les anges chantent dans les cieux glorifant le seul vrai Dieu.

Französisch 1950

A 35 Gott liebt diese Welt (EKG 514)

2. Gott liebt diese Welt. Er rief sie ins Leben. Gott ists, der erhält, was er selbst gegeben. Gott gehört die Welt.

3. Gott liebt diese Welt. Feuerschein und Wolke und das heilge Zelt sagen seinem Volke: Gott ist in der Welt.

4. Gott liebt diese Welt. Ihre Dunkelheiten hat er selbst erhellt. Im Zenit der Zeiten kam sein Sohn zur Welt.

5. Gott liebt diese Welt. Durch des Sohnes Sterben hat er uns bestellt, sein Reich zu ererben. Gott erneut die Welt.

6. Gott liebt diese Welt. Er wird wiederkommen, wann es ihm gefällt, nicht nur für die Frommen, nein, für alle Welt.

Walter Schulz 1962

A 36 Wir pflügen und wir streuen (EKG 551)

2. Er sendet Tau und Regen und Sonn- und Mondenschein und wickelt seinen Segen gar zart und künstlich ein und bringt ihn dann behende in unser Feld und Brot: es geht durch unsre Hände, kommt aber her von Gott. Alle gute Gabe kommt her von Gott dem Herrn, drum dankt ihm, dankt, drum dankt ihm, dankt und hofft auf ihn!

3. Was nah ist und was ferne, von Gott kommt alles her, der Strohhalm und die Sterne, das Sandkorn und das Meer. Von ihm sind Büsch und Blätter und Korn und Obst, von ihm das schöne Frühlingswetter und Schnee und Ungestüm. Alle gute Gabe kommt her von Gott dem Herrn, drum dankt ihm, dankt, drum dankt ihm, dankt und hofft auf ihn!

4. Er läßt die Sonn aufgehen, er stellt des Mondes Lauf; er läßt die Winde wehen und tut die Wolken auf. Er schenkt uns so viel Freude, er macht uns frisch und rot; er gibt den Kühen Weide und seinen Kindern Brot. Alle gute Gabe kommt her von Gott dem Herrn, drum dankt ihm, dankt, drum dankt ihm, dankt und hofft auf ihn!

Nach Matthias Claudius 1783

Neue geistliche Lieder

B 1 Danke

2. Danke, für alle guten Freunde, danke, o Herr, für jedermann, danke, wenn auch dem größten Feinde ich verzeihen kann.

3. Danke, für meine Arbeitsstelle, danke, für jedes kleine Glück, danke, für alles Frohe, Helle und für die Musik.

4. Danke, für manche Traurigkeiten, danke, für jedes gute Wort, danke, daß deine Hand mich leiten will an jedem Ort.

5. Danke, daß ich dein Wort verstehe, danke, daß deinen Geist du gibst, danke, daß in der Fern und Nähe du die Menschen liebst.

6. Danke, dein Heil kennt keine Schranken, danke, ich halt mich fest daran, danke, ach Herr, ich will dir danken, daß ich danken kann.

Text und Melodie: M. G. Schneider

aus: „Neue Kinderlieder", BE 807

B 2 Ein Schiff das sich Gemeinde nennt

2. Das Schiff, das sich Gemeinde nennt, liegt oft im Hafen fest, weil sichs in Sicherheit und Ruh bequemer leben läßt. Man sonnt sich gern im alten Glanz vergangner Herrlichkeit, und ist doch heute für den Ruf zur Ausfahrt nicht bereit. Doch wer Gefahr und Leiden scheut, erlebt von Gott nicht viel. Nur wer das Wagnis auf sich nimmt, erreicht das große Ziel.

Bleibe bei uns, Herr! ...

3. Im Schiff, das sich Gemeinde nennt, muß eine Mannschaft sein, sonst ist man auf der weiten Fahrt verloren und allein. Ein jeder stehe, wo er steht, und tue seine Pflicht, wenn er sein Teil nicht treu erfüllt, gelingt das Ganze nicht. Und was die Mannschaft auf dem Schiff ganz fest zusammenschweißt in Glaube, Hoffnung, Zuversicht, ist Gottes guter Geist.

Bleibe bei uns, Herr! ...

4. Im Schiff, das sich Gemeinde nennt, fragt man sich hin und her: Wie finden wir den rechten Kurs zur Fahrt im weiten Meer? Der rät wohl dies, der andre das, man redet lang und viel und kommt, kurzsichtig wie man ist, nur weiter weg vom Ziel. Doch da, wo man das Laute flieht und lieber horcht und schweigt, bekommt von Gott man ganz gewiß den rechten Weg gezeigt.

Bleibe bei uns, Herr! ...

5. Ein Schiff, das sich Gemeinde nennt, fährt durch das Meer der Zeit. Das Ziel, das ihm die Richtung weist, heißt Gottes Ewigkeit. Und wenn uns Einsamkeit bedroht, wenn Angst uns überfällt: Viel Freunde sind mit unterwegs auf gleichen Kurs gestellt. Das gibt uns wieder neuen Mut, wir sind nicht mehr allein. So läuft das Schiff nach langer Fahrt in Gottes Hafen ein!

Bleibe bei uns, Herr! ...

Text und Melodie: M. G. Schneider

aus: ,,Neue Geistliche Lieder'', BE 285

✻ Capo III - A-moll

B 3 Hilf, Herr meines Lebens

2. Hilf, Herr meiner Tage, daß ich nie zur Plage, daß ich nie zur Plage meinem Nächsten bin.

3. Hilf, Herr meiner Seele, daß ich niemals fehle, daß ich niemals fehle, wo ich nötig bin.

4. wie Strophe 1.

Text: G. Lohmann, Melodie: H. Puls

aus: ,,Neue Kinderlieder'', BE 807

B 4 Ich möcht', daß einer mit mir geht

2. Ich wart', daß einer mit mir geht, der auch im Schweren zu mir steht, der in den dunklen Stunden mir verbunden. Ich wart', daß einer mit mir geht.

3. Es heißt, daß einer mit mir geht, der's Leben kennt, der mich versteht, der mich zu allen Zeiten kann geleiten. Es heißt, daß einer mit mir geht!

4. Sie nennen ihn den Herren Christ, der durch den Tod gegangen ist; er will durch Leid und Freuden mich geleiten. Ich möcht', daß einer mit mir geht!

Text und Melodie: H. Köbler

aus: „Neue Geistliche Lieder", BE 285

❋ Capo III - E-moll

B 5 Wir leben nicht allein vom Brot

2. Wir leben nicht allein vom Brot, wir sterben nicht allein am Tod. Allein schon, daß wir atmen können, wirst du, Herr, noch nicht Leben nennen. Wir leben nicht allein vom Brot, wir sterben nicht allein am Tod.

3. Wir leben nicht allein vom Brot, das Leben gibt uns dein Gebot. Allein, wenn wir dir folgen können, wirst du das Leben Leben nennen. Wir leben nicht allein vom Brot, das Leben gibt uns dein Gebot.

Text: M. Ohly, Melodie: H. Puls

B 6 Erd und Himmel

2. Sonne, Mond und Stern sich neigen, vor dem Herrn der Herrlichkeit; Tag und Nacht sie nimmer schweigen, loben Gott zu aller Zeit,

Halleluja, dienen ihm in Ewigkeit.

3. Darum kannst auch du nicht schweigen, vor dem Herrn der Herrlichkeit, deinen Dank ihm zu erzeigen, lobe Gott zu aller Zeit,

Halleluja, diene ihm in Ewigkeit.

4. Auch in deiner Arbeit preise ihn, den Herrn der Herrlichkeit. Was an dir geschehn, erweise, lobend Gott mit deiner Zeit.

Halleluja, diene ihm in Ewigkeit.

Text und Liedfassung: P. E. Ruppel (nach einem Spiritual)

aus: „Singheft 1970", CS 85370

* Capo III - D-dur

B 7 Hört, wen Jesus glücklich preist

2. Dem, der Gott nichts bieten kann, Halleluja! bietet Gott die Freundschaft an, Halleluja!
3. Hungert uns nach Gerechtigkeit, Halleluja! steht uns Gottes Tisch bereit, Halleluja!
4. Keinen, der barmherzig ist, Halleluja! Gottes Liebe je vergißt, Halleluja!
5. Wer zum Frieden sich bekannt, Halleluja! der wird Gottes Kind genannt, Halleluja!

Text: K. Hoffmann / F. Walz, Melodie: Spiritual
aus: „Neue Kinderlieder", BE 807

❋ Capo IV – C-dur

B 8 Wir bitten, Herr, um deinen Geist

2. Wir bitten, Herr, ...
Wir wollen nicht nur Fragen nennen, wir möchten auch die Antwort kennen.
Wir bitten ...

3. Wir bitten, Herr, ...
Auch wenn wir fürchten, zu versagen, so laß uns doch die Antwort wagen.
Wir bitten ...

Text: D. Trautwein, Melodie: H. R. Simoneit

aus „Neue Lieder", Heft 2

B 9 Komm, sag es allen weiter

2. Sein Haus hat offne Türen, er ruft uns in Geduld, will alle zu sich führen, auch die mit Not und Schuld.

Komm, sag es allen weiter ...

3. Zu jedem will er kommen, der Herr, in Brot und Wein. Doch wer ihn aufgenommen soll selber Bote sein.

Komm, sag es allen weiter ...

4. Herr, deinen Ruf verachten, das wäre unser Tod. Drum hilf, daß wir beachten dein großes Angebot.

Komm, sag es allen weiter ...

Text: F. Walz, Melodie: Spiritual

aus: „Neue Kinderlieder", BE 807

❋ Capo III - D-dur

B 10 Laudato si

2. Sei gepriesen für Licht und Dunkelheiten! Sei gepriesen für Nächte und für Tage! Sei gepriesen für Jahre und Sekunden! Sei gepriesen — denn du bist wunderbar, Herr!
Laudato si ...

3. Sei gepriesen für Wolken, Wind und Regen! Sei gepriesen — du läßt die Quellen springen! Sei gepriesen — du läßt die Felder reifen! Sei gepriesen — denn du bist wunderbar, Herr!
Laudato si ...

4. Sei gepriesen für deine hohen Berge! Sei gepriesen für Fels und Wald und Täler! Sei gepriesen für deiner Bäume Schatten! Sei gepriesen — denn du bist wunderbar, Herr!
Laudato si ...

5. Sei gepriesen — du läßt die Vögel kreisen! Sei gepriesen, wenn sie am Morgen singen! Sei gepriesen für alle deine Tiere! Sei gepriesen — denn du bist wunderbar, Herr!
Laudato si ...

6. Sei gepriesen, denn du, Herr, schufst den Menschen! Sei gepriesen — er ist dein Bild der Liebe! Sei gepriesen für jedes Volk der Erde! Sei gepriesen — denn du bist wunderbar, Herr!
Laudato si ...

7. Sei gepriesen — du selbst bist Mensch geworden! Sei gepriesen für Jesus unsern Bruder! Sei gepriesen — wir tragen seinen Namen! Sei gepriesen — denn du bist wunderbar, Herr!
Laudato si ...

8. Sei gepriesen — er hat zu uns gesprochen! Sei gepriesen — er ist für uns gestorben! Sei gepriesen — er ist vom Tod erstanden! Sei gepriesen — denn du bist wunderbar, Herr!
Laudato si ...

9. Sei gepriesen, o Herr, für Tod und Leben! Sei gepriesen — du öffnest uns die Zukunft! Sei gepriesen, in Ewigkeit gepriesen. Sei gepriesen — denn du bist wunderbar, Herr!
Laudato si ...

Text: W. Pilz, Melodie: mündl. überliefert

B 11 O Herr, mach mich zu einem Werkzeug

Text: aus „Souvenir Normand", ca. 1913, Melodie: Rolf Schweizer
aus: „Bausteine für den Gottesdienst"

B 12 Manchmal kennen wir Gottes Willen

2. Manchmal sehen wir Gottes Zukunft, manchmal sehen wir nichts. Bewahre uns, Herr, wenn die Zweifel kommen.

3. Manchmal spüren wir Gottes Liebe, manchmal spüren wir nichts. Begleite uns, Herr, wenn die Ängste kommen.

4. Manchmal wirken wir Gottes Frieden, manchmal wirken wir nichts. Erwecke uns, Herr, daß dein Friede komme.

Text: K. Marti u. A. Juhre, Melodie: F. Kukuck

* Capo III - E-moll

B 13 Herr, deine Güte

2. Laß mich begreifen, Herr, was deine Güte ist und deine Wahrheit, von der ich nichts verstehe. Täglich umgeben mich Worte und Stimmen; aber ich höre gar nicht mehr hin, weil sie vom vielen Reden ganz verdorben sind.

3. Gib du doch Sinn, Herr, allem, was ich sag und tu. Heiligen Geist gib in hilflose Gedanken, daß ich dich rufen kann, wenn ich nichts höre, daß ich dich höre, wenn du mich rufst, daß ich gehorche, wenn du mich berufen willst.

4. Herr, deine Güte reicht, so weit der Himmel ist, und deine Wahrheit, so weit die Wolken gehen. Dein Flügelschatten ist unsre Bewahrung. Aus deinem Leben leben wir auch; und wir erkennen erst in deinem Licht das Licht.

Text: G. Valentin, Melodie: R. Schweizer

aus: „Bausteine für den Gottesdienst"

❊ Capo III - E-moll

B 14 Herr, deine Liebe

2. Wir wollen Freiheit, um uns selbst zu finden, Freiheit, aus der man etwas machen kann. Freiheit, die auch noch offen ist für Träume, wo Baum und Blume Wurzeln schlagen kann.

Herr, deine Liebe ...

3. Und dennoch sind da Mauern zwischen Menschen, und nur durch Gitter sehen wir uns an. Unser versklavtes Ich ist ein Gefängnis und ist gebaut aus Steinen unsrer Angst.

Herr, deine Liebe ...

4. Herr, du bist Richter! Du nur kannst befreien, wenn du uns freisprichst, dann ist Freiheit da. Freiheit, sie gilt für Menschen, Völker, Rassen, so weit wie deine Liebe uns ergreift.

Herr, deine Liebe ...

Textübertragung: E. Hansen, Melodie: L. A. Lundberg

❊ Capo II - C-dur

B 15 Du Herr, gabst uns dein festes Wort

2. Deinen Atem gabst du uns jetzt schon als Unterpfand, denn als Kinder deines Vaters sind wir anerkannt.

Du, Herr, gabst uns ...

3. Nähr die Kirche, alle Glieder, stets mit deiner Kraft, stärk uns täglich, immer wieder in der Jüngerschaft.

Du, Herr, gabst uns ...

4. Von den Mächten dieser Weltzeit sind wir hart bedrängt, doch im Glauben hast du uns schon Gottes Kraft geschenkt.

Du, Herr, gabst uns ...

5. Immer wieder will ich singen: Gib uns deinen Geist, der die Herzen, auch die trägen, mit der Freude speist.

Du, Herr, gabst uns ...

Text: Hoffmann, Mausberg, Norres
Melodie: L. Schuhen (Spiritual)

B 16 Du hast uns, Herr, gerufen

2. Du legst uns deine Worte und deine Taten vor. Herr, öffne unsre Herzen und unser Ohr.

3. Herr, sammle die Gedanken und schick uns deinen Geist, der uns das Hören lehrt und Gehorchen heißt.

Text und Melodie: K. Rommel

aus: Gerd Watkinson „111 Kinderlieder zur Bibel“

B 17 Gib uns Frieden jeden Tag

2. Gib uns Freiheit jeden Tag! Laß uns nicht allein. Laß für Frieden uns und Freiheit immer tätig sein. Denn durch dich, unsern Gott, denn durch dich, unsern Gott, sind wir frei in jedem Land. Laß uns nicht allein.

3. Gib uns Freude jeden Tag! Laß uns nicht allein. Für die kleinsten Freundlichkeiten laß uns dankbar sein. Denn nur du, unser Gott, denn nur du, unser Gott, hast uns alle in der Hand! Laß uns nicht allein.

Text: R. Lüders / K. Rommel, Melodie: R. Lüders

aus: „Neue Kinderlieder“, BE 807

B 18 Gottes Liebe ist wie die Sonne

2. Sie kann dich verändern, heute, wenn du willst; gib ihr deine Antwort, vertrau dich ihr ganz an.

Gottes Liebe ...

3. Nie wird eine Wolke vor Gottes Liebe sein; gib die Liebe weiter an den, der nicht lieben kann.

Gottes Liebe ...

Text und Melodie: Die Rufer (ein Team, Ostertagung 1970)

B 19 Gleichwie mich mein Vater gesandt hat

2. Gleichwie mich mein Vater gesandt hat, so sende ich euch. Er hat mich gesandt, zu predigen den Zerschlagenen, daß sie frei sein sollen, und ich sende euch, zu predigen den Zerschlagenen, daß sie frei sein sollen.

Gleichwie mich mein Vater gesandt hat, so sende ich euch.

Text: Bibel (Joh. 20, 21; Lukas 4, 18), Melodie: P. E. Ruppel

aus: „Bausteine für den Gottesdienst"

B 20 Halleluja

1. Ihr seid das Volk, das der Herr sich ausersehn. Seid eines Sinnes und Geistes. Ihr seid getauft durch den Geist zu einem Leib, Halleluja, Halleluja!

2. Ihr seid das Licht in der Dunkelheit der Welt, ihr seid das Salz für die Erde. Denen, die suchen, macht hell den schweren Weg, Halleluja, Halleluja!

3. Gehet nicht auf in den Sorgen dieser Welt, suchet zuerst Gottes Herrschaft, und alles andre erhaltet ihr dazu, Halleluja, Halleluja!

4. Liebet einander, wie euch der Herr geliebt. Er liebt euch bis zum Tode. Er hat den Tod ein für alle Mal besiegt: Halleluja, Halleluja!

5. So wie die Körner, auf Feldern weit verstreut, zu einem Brote geworden, so führt der Herr die zusammen, die er liebt, Halleluja, Halleluja!

Text: Verfasser unbekannt, Melodie: England, 19. Jh.

B 21 Jesus wohnt in unsrer Straße

2. Jesus wohnt in unsrer Straße, hat keine Beine mehr. Gestern bin ich ihm begegnet, und er saß in seinem Rollstuhl, rollte vor mir her. Und er sagte:
Wer weiß denn schon ...

3. Jesus wohnt in unsrer Straße, ist 'ne kranke Frau. Gestern bin ich ihr begegnet, und es zitterten die Hände, und ihr Haar war grau. Und sie sagte:
Wer weiß denn schon ...

4. Jesus wohnt in unsrer Straße, ist ein Schlüsselkind. Gestern bin ich ihm begegnet, und es stand am Zaun und weinte, eiskalt war der Wind. Und es sagte:
Wer weiß denn schon ...

5. Jesus wohnt in unsrer Straße, im Barackenhaus. Gestern bin ich ihm begegnet, sah fast wie ein Gastarbeiter, ja, so sah er aus. Und er sagte:
Wer weiß denn schon ...

6. Jesus wohnt in unsrer Straße, man hat ihn gefaßt. Gestern bin ich ihm begegnet, und da wurde er entlassen nach zwei Jahren Knast. Und er sagte:
Wer weiß denn schon ...

7. Jesus wohnt in unsrer Straße, wohnt da ganz am End. Gestern bin ich ihm begegnet, und er fragte: Du, wie kommt es, daß mich keiner kennt. Und ich sagte:
Wer weiß denn schon, daß du in dieser Straße wohnst, gleich um die Ecke?

Text: R. O. Wiemer, Melodie: H. Beuerle

B 22 Ihr seid das Salz der Erde

2. Nehmet euch einander an, wie ich euch angenommen.
Ihr seid das Salz ...
3. Liebet euch von Herzen, wie ich euch alle liebe.
Ihr seid das Salz ...
4. Einer vergebe dem anderen, so wie ich euch vergebe.
Ihr seid das Salz ...
5. Bleibet in meiner Liebe, so wie ich in euch bleibe.
Ihr seid das Salz ...
6. Betet ohne Unterlaß, bittet stets mit Danken.
Ihr seid das Salz ...
7. Geht hin in alle Welt und sammelt meine Jünger.
Ihr seid das Salz ...

Text und Melodie: Jesus-Bruderschaft
aus: „Mosaik-Lieder 1–4/5"

B 23 Solang es Menschen gibt auf Erden

2. Du nährst die Vögel in den Bäumen. Du schmückst die Blumen auf dem Feld. Du machst ein Ende meinen Sorgen, hast alle Tage schon bedacht.

3. Darum muß jeder zu dir rufen, den deine Liebe leben läßt: Du, Vater, bist in unsrer Mitte, machst deinem Wesen uns verwandt.

Text: D. Trautwein, nach H. Oosterhuis, Melodie: T. de Marez Oyens
aus: Gott schenkt uns die Freiheit

❋ Capo III - D-dur

B 24 Wende das Böse

Text: nach Ps. 43, 13, Melodie: P. Janssens
aus: ,,Friedensmesse 1968—69''

B 25 Anderes Osterlied

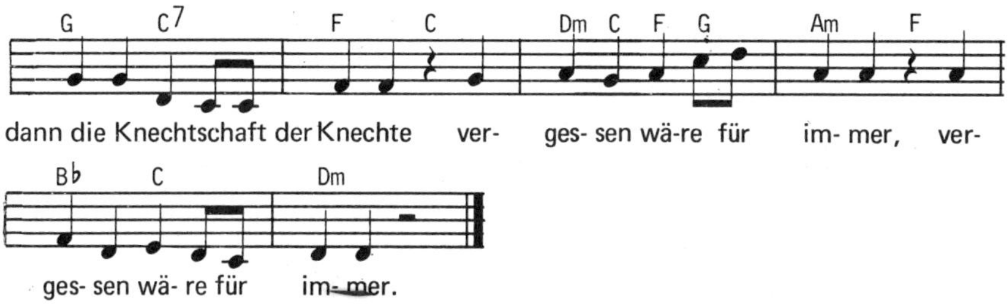

2. Das könnte den Herren der Welt ja so passen, wenn hier auf der Erde stets alles so bliebe, wenn hier die Herrschaft der Herren, wenn hier die Knechtschaft der Knechte so weiterginge wie immer.

3. Doch ist der Befreier vom Tod auferstanden, ist schon auferstanden und ruft uns jetzt alle zur Auferstehung auf Erden, zum Aufstand gegen die Herren, die mit dem Tod uns regieren.

Text: K. Marti, Melodie: P. Janssens

aus: „Wir können nicht schweigen", 1970

B 26 Weil Gott in tiefster Nacht erschienen

2. Weil Gott in tiefster Nacht erschienen, kann unsre Nacht nicht traurig sein. Bist du der eignen Rätsel müd? Es kommt, der alles kennt und sieht!

3. Weil Gott in tiefster Nacht erschienen, kann unsre Nacht nicht traurig sein. Er sieht dein Leben unverhüllt, zeigt dir zugleich sein neues Bild.

4. Weil Gott in tiefster Nacht erschienen, kann unsre Nacht nicht traurig sein. Nimm an des Christus Freundlichkeit, trag seinen Frieden in die Zeit.

5. Weil Gott in tiefster Nacht erschienen, kann unsre Nacht nicht traurig sein. Schreckt dich der Menschen Widerstand, bleib ihnen dennoch zugewandt! Weil Gott in tiefster Nacht erschienen, kann unsre Nacht nicht endlos sein!

Text und Melodie: D. Trautwein

B 27 Wir haben einen Traum

Text: A. Albrecht, Melodie: P. Janssens
aus: „Wir haben einen Traum", 1972

B 28 Seht ihr unsern Stern

2. Menschen ohne Haus und Habe atmen plötzlich wieder auf, denn ein Kind ist uns geboren, Welten ändern ihren Lauf. Gloria in excelsis Deo.

3. Weil wir neues Leben suchen, darum folgen wir dem Stern, sammeln Gaben, singen Lieder für die Menschen, für den Herrn. Gloria in excelsis Deo.

Text: D. Zils, Melodie: aus Frankreich
aus: „In dieser Nacht", BE 808

❋ Capo III - D-dur

B 29 Laßt uns hinausgehn

Text: K. Lenfers, P. Janssens, Melodie: P. Janssens
aus: „Pietbiets Gesangbuch", 1971

❋ Capo III - G-dur (E-moll)

B 30 Stern über Bethlehem

2. Stern über Bethlehem, nun bleibst du stehn und läßt uns alle das Wunder hier sehn, das da geschehen, was niemand gedacht, Stern über Bethlehem, in dieser Nacht.

3. Stern über Bethlehem, wir sind am Ziel, denn dieser arme Stall birgt doch so viel! Du hast uns hergeführt, wir danken dir. Stern über Bethlehem, wir bleiben hier.

4. Stern über Bethlehem, kehrn wir zurück, steht noch dein heller Schein in unserm Blick, und was uns froh gemacht, teilen wir aus, Stern über Bethlehem, schein auch zu Haus.

Text und Melodie: A. H. Zoller
aus: „Neue Geistliche Lieder", BE 285

❋ Capo IV - C-dur

B 31 Schlagzeug, Baß, Gitarren

2. Frost beißt in die Ohren, macht das Atmen schwer, im Rhythmus der Gitarren tanzt der große Bär.

Kinder ziehen ...

3. Anders sind die Formen, neu klingt unser Lied. Gott ist immer größer, ihn lobt Bach und Beat.

Kinder ziehen ...

Text: K. Kojan, Übersetzung: D. Zils, Melodie: K. Gärtner
aus: „In dieser Nacht", BE 808

B 32 Ein Kind kommt aus Bethlehem

2. Wir stehn auf der Seite aller Armen der Welt (2x), denn das Kind, das wir feiern kam in Armut zur Welt.

Alle werden es hören ...

3. Wir sind auf der Suche mit den Menschen der Welt (2x), und das Kind, das wir feiern, ist die Antwort, die uns hilft.

Alle werden es hören ...

4. Die den Menschen vergessen, übersehen auch Gott (2x), denn das Kind, das wir feiern, heißt noch immer Menschensohn.

Alle werden es hören ...

Text: D. Zils, Melodie: aus Israel
aus: „Schulgottesdienst", BE 811

B 33 Lied von der Weihnacht

2. Wo nehmen wir den Himmel her? Wir wohnen zwischen Steinen. Wo nehmen wir den Himmel her, der den Hirten sang? Ich, spricht der Herr, wohne unter euch.

3. Wo nehmen wir das Wunder her? Wir kennen alle Preise. Wo nehmen wir das Wunder her, das die Nacht gebar? Ich, spricht der Herr, mache alles neu.

Text: C. Heuser, Melodie: O. G. Blarr
aus: „Neue Geistliche Lieder", BE 285

B 34 Den Weg wollen wir gehen

2. Wer deckt dem Menschen, der hungert, den Tisch? Wer reicht dem Menschen, der Durst hat, den Krug? Wer geht den Weg, der die Mühe lohnt?

Den Weg wollen wir gehen ...

3. Wer gibt dem Menschen, der zweifelt, den Mut? Wer gibt dem Menschen, der absackt den Halt? Wer geht den Weg, der die Mühe lohnt?

Den Weg wollen wir gehen ...

Text: H.-J. Netz, Melodie: O. G. Blarr

B 35 Wenn jeder gibt, was er hat

2. Wir spinnen, träumen, schauen, wir fangen an zu bauen.
Wenn jeder gibt ...
3. Wir teilen, was wir haben, wir bringen unsre Gaben.
Wenn jeder gibt ...

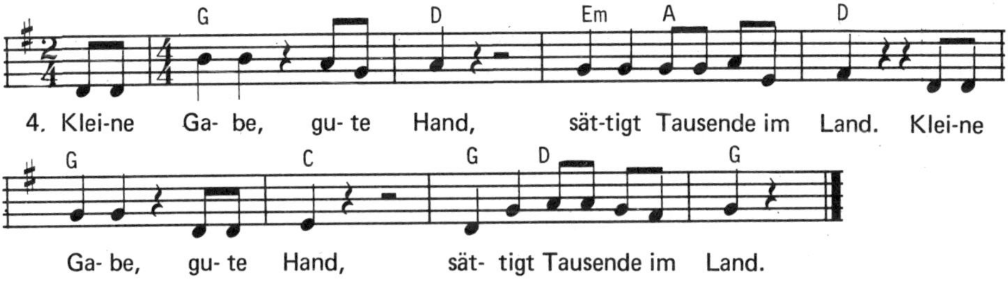

Wenn jeder gibt ...

Text: W. Willms, Melodie: P. Janssens
aus: „Fest der Hoffnung", 1976

B 36 Ich tue meinen Mund auf

2. Die nebeneinander leben, Tag für Tag, und haben sich nichts zu sagen.
Ich tue meinen Mund auf für die Stummen. Atme, so tauen die Lippen, fällt das Tagewerk leicht. Ich tue meinen Mund auf ...

3. Die einen Schatz Worte hüten ohne Gewinn, den neuen Münzen mißtrauen.
Ich tue meinen Mund auf für die Stummen. Atme, so werden sie sprechen. Teil dein Vermögen aus. Ich tue meinen Mund auf ...

Text: C. Heuser, Melodie: P. Janssens
aus: „Pietbiets Gesangbuch", 1971

B 37 Unser Leben sei ein Fest

Wer-ken. Un-ser Le-ben sei ein Fest, so wie heu-te an je-dem Tag.

Text: J. Metternich, Team, Melodie: P. Janssens
aus: „Wir haben einen Traum", 1972

B 38 Andere Lieder wollen wir singen

An-de-re Lie-der wollen wir sin- gen, fei-ern das Fest der Be-

frei- ung. Der Herr führt uns auf neu- es Land, die Träu-me wer-den

wahr. 1. Als Is- rael aus Ä- gypten zog, wurde das Mahl zum Zei-

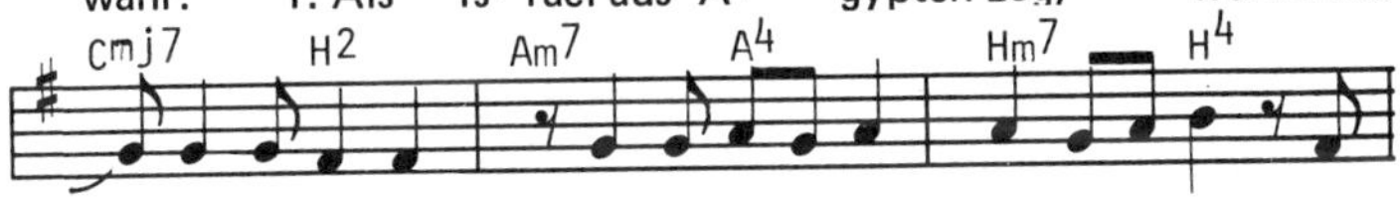

chen der Freiheit. Wer vom Lamme aß, war mit im Bund, und

folgte dem Ruf zum Aufbruch. (von vorne)

2. Als Jesus lud zum Abendmahl, wurde das Mahl den Jüngern zum Zeichen. Wer vom Brote aß und vom Weine trank, nahm teil an Tod und Leben.

Andere Lieder …

3. Wenn heute Gemeinde zusammenkommt, wird das Mahl zum Zeichen der Hoffnung.

Wer von ihm ißt und von ihm trinkt, der hat das Leben der Zukunft.

Andere Lieder …

Text: A. Albrecht, Melodie: P. Janssens
aus: „Wir haben einen Traum", 1972

B 39 Die Sache Jesu braucht Begeisterte

rechtigkeit? Die
(von vorne)

4. Wo Krie-ge sind, wo Schüsse fal-len,

wo Gefan-ge- ne lei- den, wer befreit uns zum Le- ben? Die
(von vorne)

Text: A. Albrecht, Melodie: P. Janssens
aus: „Wir haben einen Traum", 1972

✻ Capo III – E-moll

B 40 Wo der Stein ins Wasser fällt

Wo der Mensch ge- fesselt wird, wo der Stein ins Wasser fällt

zieht er Krei-se, schlägt er Wellen, schlägt er Wellen, zieht er Krei- se bis ans

U- fer und trifft Men-schen.

2. Wo der Mensch verurteilt wird, wo der Stein ins Wasser fällt, zieht er Kreise, schlägt er Wellen, schlägt er Wellen, zieht er Kreise bis ans Ufer und trifft Menschen.

3. Wo der Mensch gekreuzigt wird, wo der Stein ins Wasser fällt, zieht er Kreise, schlägt er Wellen, schlägt er Wellen, zieht er Kreise bis ans Ufer und trifft Menschen.

Text: H.-J. Netz, Melodie: P. Janssens
aus: „Ehre sei Gott auf der Erde", 1974

B 41 Wir sind noch nicht im Festsaal angelangt (Kehrvers)

Text: E. Cardenal, Melodie P. Janssens

B 42 Preisen laßt uns Gott den Herrn

Text: D. Trautwein / I. Lyonga, Melodie: aus Kamerun

B 43 Weil wir von Hilfe leben

2. Weil wir von Liebe leben, lieben wir in dieser Zeit, lieben wir den ohne Liebe und verändern die Zeit.

3. Weil wir von Taten leben, handeln wir in diesem Jahr, handeln wir für Tatenlose und verändern das Jahr.

4. Weil wir von Hoffnung leben, hoffen wir für diese Welt, hoffen wir für Hoffnungslose und verändern die Welt.

Text: E. Bücken, Melodie: P. Janssens

aus: „Ich liebe das Leben", 1981

※ Capo III - G-dur

A^{-9} wird dann $F\sharp^{-9}$:

B 44 Was wir denken ist eng

2. Denn was wir reden ist schwach, ist ärmlich, erbärmlich. Christ, erbarme dich, Christ, erbarme dich, denke in uns deine Gedanken, sprich zu uns dein Wort, vollbringe in uns dein Werk.

3. Denn was wir tun ist gering, ist ärmlich, erbärmlich. Herr, erbarme dich, Herr, erbarme dich, denke in uns deine Gedanken, sprich zu uns dein Wort, vollbringe in uns dein Werk, vollziehe deine Gedanken.

Text: L. Zenetti, Melodie: P. Janssens
aus: „Ökumenische Beatmesse", 1972

B 45 Brot und Wein

2. Wenn nicht bald Brot für uns vom Himmel fällt, sind wir hier brotlos.

3. Wenn wir nicht selbst werden zu Brot und Wein, sind wir hier nutzlos.

Text: W. Willms, Melodie: P. Janssens

B 46 Wenn das rote Meer

3. (Versmodell I) Wenn unsre Träume Früchte tragen, dann bleiben wir hier, dann bleiben wir hier, weil sich das Land gewandelt hat.

Kv. 2 Wenn das Land für uns eine Bleibe hat, dann bleiben wir hier, dann bleiben wir hier, weil sich das Land gewandelt hat.

4. (Versmodell II) Wenn vor jedem Kind Macht die Waffen streckt, dann bleiben wir hier, dann bleiben wir hier, weil sich das Land gewandelt hat.

Kv. 2 Wenn das Land für uns eine Bleibe hat . . .

5. (Versmodell I) Wenn es dreizehn schlägt und die Zeit zerbricht, dann bleiben wir hier, dann bleiben wir hier, weil sich das Land gewandelt hat.

Kv. 1 Wenn das rote Meer . . .

Text: W. Willms, Melodie: P. Janssens
aus: „Ehre sei Gott auf der Erde", 1974

Die Anordnung der Kehrverse entspricht jener Fassung des Liedes, die 1972 in der Ökumenischen Beatmesse uraufgeführt und auf Schallplatte produziert wurde. Der Peter Janssens Musik Verlag legt jedoch Wert auf den Hinweis, daß korrekterweise die Kehrverse nach jeder Strophe wechseln sollten; nur nach der Strophe 5 wird (außer der Reihe) wieder Kehrvers 1 gesungen, also:
Kv. 1 – Str. 1 – Kv. 2 – Str. 2 – Kv. 1 – Str. 3 – Kv. 2 – Str. 4 – Kv. 1 – Str. 5 – Kv. 1

B 47 Schalom

Scha- lom, scha- lom, wo die Lie- be wohnt, da wohnt auch
Gott. Gott. 1. Chri- sti Lie- be hat uns zusammengebracht,
und sein Wort ist das Licht in un- se-rer Nacht,
weckt Hoffnung, wo Men- schen ver- zweifelt sind, macht
je- den zum Bru-der, zu Got- tes Kind. (von vorne)
2. Da- rum lo- ben wir Gott, der uns alle ver-eint, und ver-
ges-sen die Wor-te Feindschaft und Feind, wir rei- chen dem
Geg- ner un-se- re Hand, weil Christus den Haß und die
Angst ver- bannt. (von vorne)

Text: D. Zils, Melodie: O. G. Blarr

B 48 Vater unser

2. Wie im Himmel, so auch auf Erden, geheiligt ...
unser täglich Brot, Herr, gib uns heute, geheiligt ...

3. Und vergib uns unsere Schulden, geheiligt ...
wie auch wir vergeben unsern Schuldnern, geheiligt ...

4. Und führ uns, Herr, nicht in Versuchung, geheiligt ...
sondern erlöse uns von dem Bösen, geheiligt ....

5. Denn dein ist das Reich und die Kraft, geheiligt ...
und die Herrlichkeit in Ewigkeit. Amen. Geheiligt ...

Text: Bibel, E. Arfken, Melodie: aus Amerika

B 49 Vater unser

Text: Bibel, Melodie: P. Janssens
aus: „Wir haben einen Traum", 1972

B 50 Vater unser

Text: Bibel, Melodie: P. Janssens
aus: „Der Herr ist mein Sinn", 1977

❋ Capo II – G-dur

B 51 Liebe ist nicht nur ein Wort

2. Freiheit ist nicht nur ein Wort, Freiheit, das sind Worte und Taten. Als Zeichen der Freiheit ist Jesus gestorben, als Zeichen der Freiheit für diese Welt.

3. Hoffnung ist nicht nur ein Wort, Hoffnung, das sind Worte und Taten. Als Zeichen der Hoffnung ist Jesus lebendig, als Zeichen der Hoffnung für diese Welt.

Text: E. Bücken, Melodie: G. Geerken

aus: „Neue Geistliche Lieder III", BE 809

B 52 Ich kenne eine Straße

2. Ich kenne ein Versprechen: Einer wird dich begleiten, begleiten auf dem Wege, auf dem Wege des Schalom.

3. Mußt du einmal dich entscheiden auf dem Kreuzweg deines Lebens, dann geh den Weg des Friedens, die Straße des Schalom.

Text und Melodie: VIS Zeteoci (Kroatien), Übersetzung: D. Zils

B 53 Durch die Welt

2. Durch die Welt erklingt ein Lied gegen Unrecht, das geschieht, gegen Unrecht, gegen Zwang richten Pilger ihren Sang.

Herr, laß uns dein Wort verstehen ...

3. Viele ließ der Mut im Stich, sie sind matt, verirren sich, sehnen sich ins alte Land. Wer gibt ihnen seine Hand?

Herr, laß uns dein Wort verstehen ...

Text: D. Zils, Melodie: aus Israel

aus: „Schulgottesdienst", BE 811

※ Capo III - H-moll

B 54 Herr, erbarme dich

Text: A. Albrecht, Melodie: P. Janssens

aus: „Ein Halleluja für dich", 1973

B 55 Alleluja

2. Kleider von Motten zerfressen, mit neuem Maß wird gemessen, Verlogenes wird nicht bestehn, wir werden auferstehn.

Alle-, Alleluja ...

3. Das Brot wird sich vermehren, die Armen kommen zu Ehren, Banknoten im Winde verwehn, wir werden auferstehn.

Alle-, Alleluja ...

4. Die Träume werden wahr, die Blinden sehen klar die Lahmen wieder gehn, wir werden auferstehn.

Alle-, Alleluja ...

Text: W. Willms, Melodie: H.-J. Böckeler
aus: „Welcher Engel wird uns sagen – Vier neue Osterlieder"

B 56 Welcher Engel

2. Welcher Engel wird uns zeigen, wie das Leben zu bestehn? Welcher Engel schenkt uns Augen, die im Keim die Frucht schon sehn? Wirst du für mich — werd ich für dich der Engel sein?

3. Welcher Engel öffnet Ohren, die Geheimnisse verstehn? Welcher Engel leiht uns Flügel, unsern Himmel einzusehn? Wirst du für mich — werd ich für dich der Engel sein?

Text: W. Willms, Melodie: P. Janssens

B 57 Ein junger Mann aus Nazaret

2. Ein junger Mann aus Nazaret sagt Worte, die man kaum versteht, weil er nicht mit den Wölfen heult, verbrennt er sich die Zunge.

Wo Menschen ...

3. Ein junger Mann aus Nazaret, der schafft, was mancher kaum versteht, er hält den Kopf für alle hin und hat ihn nicht verloren.

Wo Menschen ...

Text: D. Zils, Melodie: aus Polen

aus: „Schulgottesdienst" BE 811

B 58 Ein jeder braucht sein Brot, sein' Wein

Text: F. K. Barth und D. Trautwein, Melodie: Bread and Puppet Theatre

❋ Geht leichter in E-moll (1 Ton höher)

B 59 Lied für Blinde, Lahme, Taube

2. In Köln und auch in Wuppertal sind Leute blind und lahm, es fehlt der eine, der sie sieht, wie damals einer kam.

3. Er sah sie an mit einem Blick und nahm sie bei der Hand, er sprach dabei ein neues Wort, wie keiner spricht im Land.

4. So gehen viele blind daher und lahm und stumm und taub, und manche laufen tot herum und stehen nicht mehr auf.

5. Es fehlt der eine der sie weckt, der hört und spricht und merkt, der eine, der sich selbst vergißt, der andre heilt und stärkt.

6. Wann kommt der eine noch einmal, vielleicht auch zwei und drei nach Afrika, Amerika zu uns in die Türkei.

7. Wann kommt der eine noch einmal, vielleicht 'ne ganze Flut nach überall und allezeit, so einer tät uns gut.

Text: W. Willms, Melodie: H. G. Koch

B 60 Herr, gib mir Mut zum Brücken bauen

2. Ich möchte gerne Brücken bauen, wo alle tiefe Gräben sehn. Ich möchte über Zäune schauen und über hohe Mauern gehn.

3. Ich möchte gerne Hände reichen, wo jemand harte Fäuste ballt. Ich suche unablässig Zeichen des Friedens zwischen jung und alt.

4. Ich möchte nicht zum Mond gelangen, jedoch zu meines Feindes Tür. Ich möchte keinen Streit anfangen. Ob Friede wird, das liegt bei mir.

5. wie Strophe 1.

Text: K. Rommel, Melodie: P. G. Walter
aus: „Herr wir bitten", BE 222

B 61 Der Himmel geht über allen auf

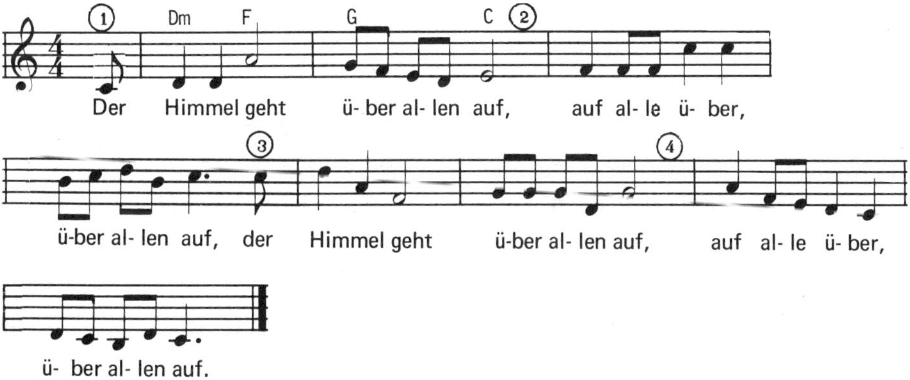

Text: W. Willms, Melodie: P. Janssens
aus: „Ave Eva", 1974

B 62 Ehre sei Gott auf der Erde

2. Ehre sei Gott in der Höhe, wo keiner mit Fäusten droht, wo Menschen Frieden suchen. Ehre sei Gott auf der Erde. Halleluja.

3. Ehre sei Gott in der Höhe, wo einer sich selbst vergißt, wo Menschen Brot verteilen, Ehre sei Gott auf der Erde.

Text: H.-J. Netz, Melodie: P. Janssens
aus: „Ehre sei Gott auf der Erde“, 1974

B 63 Es werde

2. Aus Trauer werde Freude, aus Haß werde Liebe, aus Wüste werde Garten.
Es werde ...

3. Aus heute werde morgen, aus Worten werden Taten, aus Erde werde Himmel.
Es werde ...

4. Aus Knospe werde Blüte, aus Korn werde Ähre, aus Tropfen werden Meere.
Es werde ...

Text: W. Willms, Melodie: P. Janssens

❋ Capo III - E-moll

B 64 Einmal wurd es am Himmel hell

2. Einmal schlug Adam die Augen auf, hier und da, einmal sprach Adam mit Eva ein Wort, hier und da, einmal schlich sich die Schlange ein, hier und da, einmal schlug Kain Abel tot, hier und da, hier und da.

3. Einmal kam überall die Flut, hier und da, einmal wird kommen das Morgenrot, hier und da, einmal wird einer auferstehn, hier und da, einmal wird Kain Abel verstehn, hier und da, hier und da.

4. Einmal werden wir Menschen sein, hier und da, einmal werden wir dich sehn, hier und da, einmal wird einer auferstehn, hier und da, einmal werden wir Gott sehn, hier und da, hier und da.

Text: W. Willms, Melodie: P. Janssens
aus: „Ave Eva", 1974

❋ Capo IV - C-dur

B 65 Einer bin ich

2. Einer läßt den anderen liegen, hat ihn teuflisch totgeschwiegen, einer läßt den anderen hängen, bodenlos in Angst und Zwängen.

Einer bin ich, einer bist du, einer sind wir im Nu.

3. Einer bleibt beim anderen stehen, hat sein Kreuz nicht übersehen, einer wird sich nicht versagen, mitzugehen, mitzutragen.

Einer bin ich, einer bist du, einer sind wir im Nu.

Text: W. Willms, Melodie: P. Janssens

❋ Capo III - H-moll

B 66 Wie ein Tropfen auf den heißen Stein

2. Einer, der die Tür aufschließt dem, der draußen friert,
der ist wie ein Tropfen ...

3. Einer, der das Brot austeilt dem, der Hunger hat,
der ist wie ein Tropfen ...

Text: H.-J. Netz, Melodie: P. Janssens
aus: „Ehre sei Gott auf der Erde", 1974

❊ Capo III - D-dur

B 67 Geh zum Fels und sage

2. Geh, geh, geh zur Nacht und sage: hell, hell, hell, denn wir sind verirrt.

3. Geh, geh, geh zum Stein und sage: Brot, Brot, Brot, denn wir sind in Not.

4. Geh, geh, geh zu Ihm und sage: Mensch, Mensch, Mensch, wir sind so allein.

Text: W. Willms, Melodie: P. Janssens
aus: „Ave Eva", 1974

❊ Capo IV - C-dur

B 68 Friedensnetz

2. Jeder fängt ins eigne Netz, versucht, einzufangen, was zu fangen ist. Wer denkt da an Frieden, wer denkt an Schalom?

Wir knüpfen ...

3. Einer hängt im fremden Netz, versucht, noch zu retten, was zu retten ist. Er denkt an den Frieden, er denkt an Schalom.

Wir knüpfen ...

4. Wir zappeln im alten Netz, versuchen, zu tragen, was zu tragen ist. Wir suchen den Frieden, wir suchen Schalom.

Wir knüpfen ...

5. Wir knüpfen ein neues Netz, verbinden, was für Frieden ist. Wir bringen den Frieden, wir bringen Schalom.

Wir knüpfen ...

Text: H.-J. Netz, Melodie: P. Janssens

aus: „Ich suche einen Sinn heraus", 1975

❋ F♯m 7-5 = Am6 :

; B♭° :

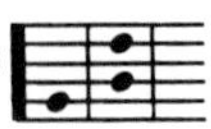

B 69 Gegen das Geläut

2. Ich will gegen das Gedröhn der Bomben meine Träume summen.

3. Ich will gegen das Geleucht der Lichter meinen Dunkelheiten trauen.

4. Ich will für die große Flut der Tränen eine Freudenmauer bauen.

Text: W. Willms, Melodie: P. Janssens

aus „Ave Eva", 1974

※ Capo II – C-dur

B 70 Jeden Morgen

2. Jeden Morgen weckst du von neuem Leben deinen Städten in die Straßen; sagst: Ihr seid meine Wohnung.

3. Jeden Morgen gibst du von neuem Stimme deinen Spatzen in die Kehle; sagst: Ihr seid meine Lieder.

4. Jeden Morgen streust du von neuem Hoffnung allen Wesen auf die Wege; sagst: Ich bin euer Gott.

5. Jeden Morgen hauchst du von neuem Atem deinen Menschen auf die Lippen; sagst: Ihr seid meine Bilder.

6. Jeden Morgen küßt du von neuem Farbe deinen Blumen in die Kelche; sagst: Ihr seid meine Wunder.

Text: A. Albrecht, Melodie: P. Janssens

aus: „Ihr seid meine Lieder", 1974

B 71 Kyrie, guter Gott

2. Gefangen die einen und die andern leben und die andern leben und sie leben nicht schlecht. Geschunden die einen und wir andern leben und wir andern leben, die Geschundenen leben schlecht.

Kyrie, Kyrie eleison ...

Text: G. Hildebrandt, Melodie: P. Janssens

aus: ,,Leben wird es geben'', 1975

B 72 Jeder Teil dieser Erde

Text: Smith, Melodie: S. Vesper

aus: „Die Rede des Indianerhäuptlings Seattle"

B 73 Licht im Dunkeln

2. Licht im Dunkeln, Licht für die Welt. Ein Mensch, ein Traum, ein Wort. Licht im Dunkeln, Licht für die Welt. Ein Mensch liefert sich aus und wird festgenagelt.

3. Licht im Dunkeln, Licht für die Welt. Ein Gott, ein Traum, ein Mensch. Licht im Dunkeln, Licht für die Welt. Ein Mensch stirbt für die Welt und wird selbst das Leben.

Text: H.-J. Netz, Melodie: P. Janssens

aus: „Ehre sei Gott auf der Erde", 1974

B 74 Es kommt die Zeit

Text: G. Schnath, Melodie: P. Janssens

aus: „Leben wird es geben", 1975

❋ Capo III – D-dur

B 75 Wir waren blind

Text: W. Willms, Melodie: P. Janssens
aus: „Ehre sei Gott auf der Erde", 1974

B 76 Von guten Mächten

2. Noch will das Alte unsre Herzen quälen, noch drückt uns böser Tage schwere Last, ach, Herr, gib unsern aufgeschreckten Seelen das Heil, für das du uns geschaffen hast.
Von guten Mächten wunderbar geborgen . . .

Text aus: Dietrich Bonhoeffer, Widerstand und Ergebung
Melodie: Siegfried Fietz
3. Auflage der Neuausgabe 1970

❋ Capo II - C-dur

B 77 Wir träumen einen Traum

2. Wir träumen einen Traum und wenn auch alle mahnen, wir träumen einen Traum von einer bessern Welt. Da sind die Helden mangelhaft, da sind die Eichen angesägt, da ist die Wahrheit nicht gezinkt, da ist das Leben schön.

3. Wir träumen einen Traum und schenken ihm das Leben, wir träumen einen Traum und machen uns die Welt. Da ist der Mensch dem Menschen gleich, da ist der Christus ganz aus Fleisch, da ist die Auferstehung wahr, da ist das Leben schön.

Text: G. Hildebrandt, Melodie: P. Janssens

aus: „Leben wird es geben", 1975

B 78 Stimm deine Laute, David

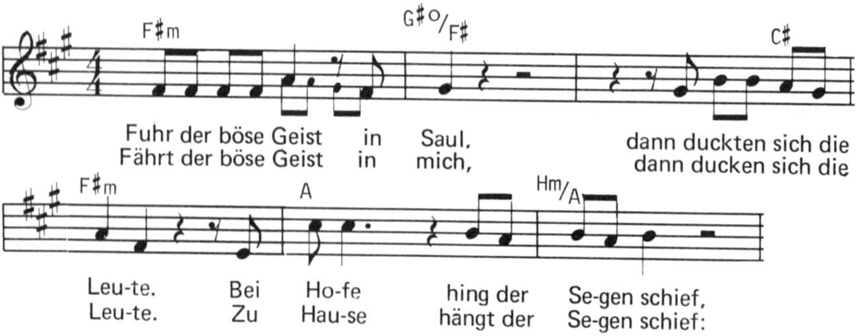

2. Fährt der böse Geist in den Betrieb, dann ducken sich die Leute. Am Fließband hängt der Segen schief, ist das ein Elend heute. Fährt der böse Geist ins Parlament, dann ducken sich die Leute. Im Plenum hängt der Segen schief. Gegängelt kläfft die Meute.

Stimm deine Laute ...

3. Fährt der böse Geist ins Volk, dann ducken sich die Leute. Im Lande hängt der Segen schief, ein jeder schnappt nach Beute.

Stimm deine Laute ...

Text: F. K. Barth u. P. Horst, Melodie: P. Janssens

aus: „Leben wird es geben“, 1975

❋ Capo II – E-moll ; (G♯° : 

B 79 Weißt du, wo der Himmel ist

2. Weiß du, wo der Himmel ist? Nicht so tief verborgen. Einen Sprung aus dir heraus, aus dem Haus der Sorgen, aus dem Haus der Sorgen.

3. Weißt du, wo der Himmel ist? Nicht so hoch da oben. Sag doch ja zu dir und mir, du bist aufgehoben, du bist aufgehoben.

Text: W. Willms, Melodie: L. Edelkötter
aus: ,,LP — Weißt du wo der Himmel ist''

B 80 Wir haben Gottes Spuren festgestellt

2. Blühende Bäume haben wir gesehn, wo niemand sie vermutet, Sklaven, die durch das Wasser gehn, das die Herren überflutet.

Zeichen und Wunder sahen wir geschehn ...

3. Bettler und Lahme sahen wir beim Tanz, hörten, wie Stumme sprachen, durch tote Fensterhöhlen kam ein Glanz Strahlen, die die Nacht durchbrachen.

Zeichen und Wunder sahen wir geschehn ...

Französischer Originaltext: M. Scouarnec
Deutsche Übersetzung: Diethard Zils, Melodie: J. Akepsimas

B 81 Mein Gott, das muß anders werden

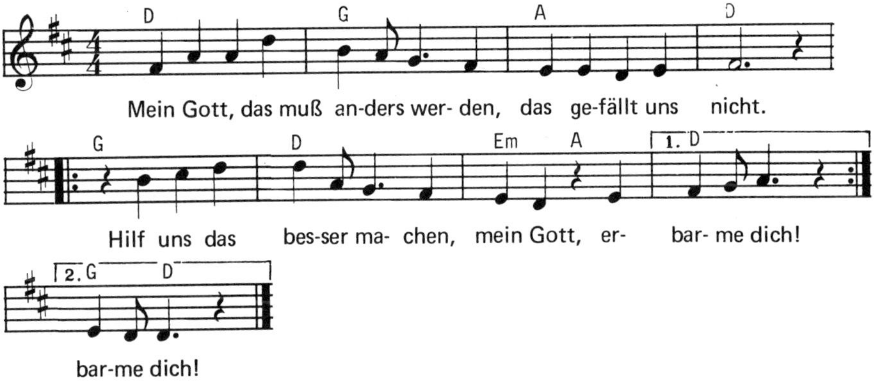

Text und Melodie: Ch. Lehmann.
aus: „Fünf Brote und zwei Fische – Kinderbeatmesse", 1977

B 82 Wir teilen

2. Wir teilen Freude und Leid, wir teilen Bett und Kleid, wir teilen das letzte Stück, wir teilen Trauer und Glück.

3. Wir teilen Hunger und Not, wir teilen Wasser und Brot, wir teilen das letzte Stück, wir teilen Trauer und Glück.

4. Wir teilen Erde und Meer, uns fällt das Teilen so schwer, wir teilen das letzte Stück, wir teilen Trauer und Glück.

Text: W. Willms, Melodie: O. G. Blarr
aus: „Fünf Brote und zwei Fische – Kinderbeatmesse", 1977

B 83 Komm, bau ein Haus

2. Lad viele Kinder ein ins Haus, versammle sie bei unserm Baum, laß sie dort fröhlich tanzen, wo keiner ihre Kreise stört, laß sie dort lange tanzen, wo der Himmel blüht.

Komm, bau ein Haus ...

3. Lad viele Alte ein ins Haus, bewirte sie bei unserm Baum, laß sie dort frei erzählen von Kreisen, die ihr Leben zog, laß sie dort lang erzählen, wo der Himmel blüht.

Komm, bau ein Haus ...

4. Komm wohn mit mir in diesem Haus, begieß mit mir diesen Baum, dann wird die Freude wachsen, weil unser Leben Kreise zieht, dann wird die Freude wachsen, wo der Himmel blüht.

Komm, bau ein Haus ...

Text: F. K. Barth, P. Horst, H.-J. Netz, Melodie: P. Janssens
aus: „Unkraut Leben", 1977

B 84 Komm, Herr, segne uns

2. Keiner kann allein Segen sich bewahren, weil du reichlich gibst, müssen wir nicht sparen. Segen kann gedeihn, wo wir alles teilen, schlimmen Schaden heilen, lieben und verzeihn.

3. Frieden gabst du schon, Frieden muß noch werden, wie du ihn versprichst uns zum Wohl auf Erden. Hilf, daß wir ihn tun, wo wir ihn erspähen! Die mit Tränen säen werden in ihm ruhn.

4. wie 1.

Text und Melodie: D. Trautwein

B 85 Gloria Señor

Text: H.-J. Netz, H.-U. Simon, Melodie: H.-U. Simon

aus: „Lateinamerikanische Beatmesse", 1977

❋ Capo IV – C-dur

B 86 Einer hat uns angesteckt

2. Wer die Armut kennt, wird im Reichtum leben, wer von Herzen brennt, kann sich andern geben.

Einer hat uns angesteckt ...

3. Wer betroffen ist, wird das Wort neu sagen, wer sich selbst vergißt, kann auch Lasten tragen.

Einer hat uns angesteckt ...

Text: E. Bücken, Melodie: O. G. Blarr

❋ Capo III – G-dur

B 87 Das Tragen

2. Die Via Dolorosa, die Straße kreuz und quer, gib acht, auf deiner Straße zieht Kreuzeslast daher.

Das Tragen ...

3. Was schwer wiegt und was quer liegt, das nehmt doch nicht so leicht, das Schwere kommt ins Schweben das bis zum Himmel reicht.

Das Tragen ...

Text: W. Willms, Melodie: O. G. Blarr

aus: „Lateinamerikanische Beatmesse", 1977

❋ Capo III – D-dur ; (B♭° :)

B 88 Wegzeichen

2. Erquicke dich, erquicke mich mit einem Schritt, der weiterführt, mit einem Schritt zum Leben. Schenk der Liebe große Augen.

3. Komm stärke dich und stärke mich zum nächsten Schritt, der weiterführt, dem nächsten Schritt zum Leben. Schenk dem Hunger frische Nahrung.

4. Vertrau auf dich, vertrau auf mich beim nächsten Schritt, der weiterführt, dem nächsten Schritt zum Leben. Schenk dem Glauben starke Arme.

Text: F. K. Barth, P. Horst, Melodie: P. Janssens

aus: „Unkraut Leben", 1977

B 89 Wegzeichen

2. Erquicke dich, erquicke mich mit einem Schritt der weiterführt, mit einem Schritt zum Leben. Gott wird es geben.

3. Vertrau auf dich, vertrau auf mich beim nächsten Schritt der weiterführt, beim nächsten Schritt zum Leben. Gott wird es geben.

4. Komm stärke dich, komm stärke mich beim nächsten Schritt der weiterführt, beim nächsten Schritt zum Leben. Gott wird es geben.

Text: F. K. Barth u. P. Horst, Melodie: O. G. Blarr
aus: „Lateinamerikanische Beatmesse", 1977

B 90 An einem Tisch

Text: H.-J. Netz, Melodie: C. Lehmann
aus: „Lateinamerikanische Beatmesse", 1977

❋ Capo II - G-dur

B 91 Musik für die Welt

2. Wenn uns die Hilfe zu Helfern macht, sind wir wie Meister der Liebe, sind wir das Salz, das Salz für die Welt, und der Reichtum wird allen gehören.

3. Wenn uns der Frieden zufrieden macht, sind wir wie Lieder von morgen, sind wir Musik, Musik für die Welt, und kein Streit wird die Erde zerstören.

Text: E. Bücken, Melodie: O. G. Blarr

B 92 Komm, laß diese Nacht nicht enden

2. daß die Träne, die vergossen, nicht umsonst herunterrinnt, daß die Kraft, die hier gefunden, nicht im Keim erstickt,

Komm, laß diese Nacht ...

3. daß das Lied, das hier gesungen, auf den Straßen weiterklingt, daß die Hoffnung, die geboren, morgen größer wird.

Komm, laß diese Nacht ...

(Man kann auch singen: Komm, laß dieses Fest nicht enden, in dem wir einen Anfang sehn, laß in uns es weiterleben und in den Tagen weitergehn.)

Text: H.-J. Netz, Melodie: C. Lehmann

aus: „Lateinamerikanische Beatmesse", 1977

❋ Capo III – D-dur

B 93 Was bleibt?

2. Was bleibt, was bleibt? Lieben will ich jeden Tag, und versuchen, aufzustehen, und versuchen, mitzugehen, und versuchen, zu verstehen.

Der Friede Gottes geht mit.

3. Was bleibt, was bleibt? Hoffen will ich jede Nacht, und versuchen, aufzustehen, und versuchen, mitzugehen, und versuchen, zu verstehen.

Der Friede Gottes geht mit.

Text: J. Fliege, Melodie: C. Lehmann

❋ Capo III - D-dur

B 94 Ich möcht' mit einem Zirkus ziehn

2. Ich möcht' der engen Welt entfliehn mit meinen sieben Sachen, sechs Träume und ein Schaukelpferd und Zeit zum Sachen machen.

3. Ich möcht' mit einem Zirkus ziehn, mit Mädchen und mit Knaben, weiß-rot sind sie und gelb und schwarz, so pechschwarz wie die Raben.

4. Ich möcht' mit ihnen Hand in Hand auf einem Traumseil wandern und ohne abzustürzen still aus dieser Welt zur andern.

5. Ich möcht' mit einem Zirkus ziehn mit vielen bunten Wagen, die meine Welt und deine Welt auf Rädern heimwärts tragen.

Text: W. Willms, Melodie: P. Janssens

aus: „Circus Mensch", 1976

❋ Capo III - D-dur

B 95 Was leicht gedacht

2. Sagt es euren Lehrern: Wahrheit ist konkret. Sagt es euren Priestern, daß ihr sie nicht versteht.

Was leicht gedacht ...

3. Sagt es euren Henkern: wir fürchten nicht den Tod. Sagt es allen Göttern: wo Liebe, da ist Gott.

Was leicht gedacht ...

Text: W. Willms, Melodie: P. Janssens
aus: ,,Der Herr ist mein Sinn'', 1977

❄ Capo II - G-dur

B 96 Brich mit den Hungrigen dein Brot

2. Such mit den Fertigen ein Ziel, brich mit den Hungrigen dein Brot, sprich mit den Sprachlosen ein Wort, sing mit den Traurigen ein Lied.

3. Teil mit den Einsamen dein Haus, such mit den Fertigen ein Ziel, brich mit den Hungrigen dein Brot, sprich mit den Sprachlosen ein Wort.

4. Sing mit den Traurigen ein Lied, teil mit den Einsamen dein Haus, such mit den Fertigen ein Ziel, brich mit den Hungrigen dein Brot.

5. Sprich mit den Sprachlosen ein Wort, sing mit den Traurigen ein Lied, teil mit den Einsamen dein Haus, such mit den Fertigen ein Ziel.

Text: F. K. Barth, Melodie: P. Janssens
aus: „Unkraut Leben", 1977

❋ Capo III - D-dur

B 97 Selig seid ihr

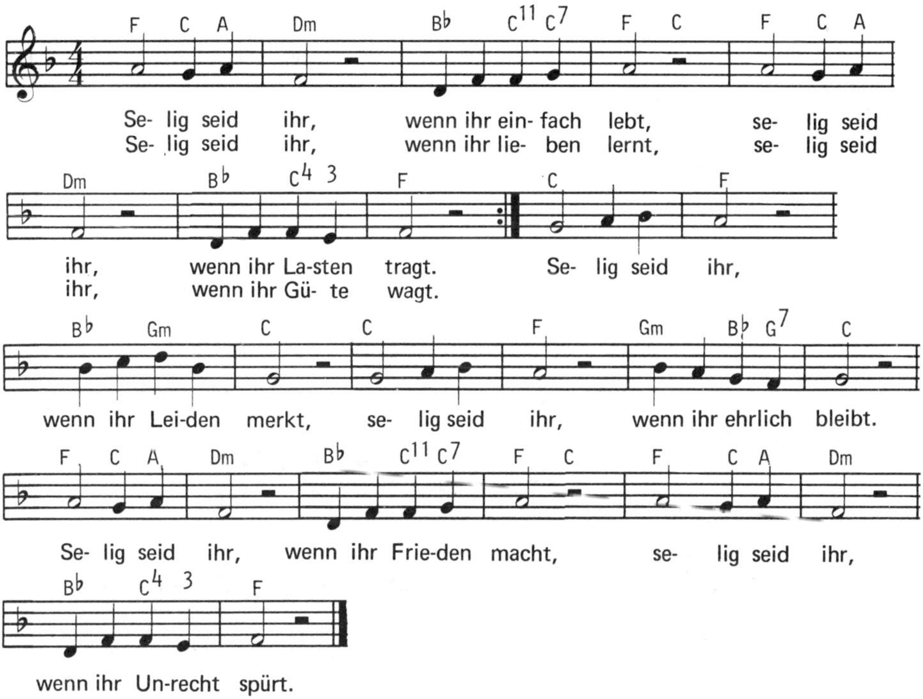

Text: F. K. Barth u. P. Horst, Melodie: P. Janssens
aus: „Uns allen blüht der Tod", 1975

B 98 Ich habe mir ein Floß gebaut

2. Ich habe mir ein Floß gebaut, im großen Strom der Zeiten, ich treibe mit den Träumen fort, und bleibe.

3. Ich habe mir ein Floß gebaut, der Alltag holt mich ein. Ich stärke mich in meiner Angst und weine.

4. Ich habe mir ein Floß gebaut und treff auf große Wellen. Ich kehre mit den Fluten um und strande.

5. Ich habe mir ein Floß gebaut und lande auf gutem Boden. Ich pflanze meine Träume ein und lebe.

Text: H.-J. Netz, Melodie: P. Janssens
aus: „Exodus", 1979

B 99 Ein neuer Himmel

Text: U. Seidel u. H.-J. Netz, Melodie: C. Lehmann
aus: „Exodus", 1979

※ Capo II – C-dur

B 100 Aus der Tiefe meiner Sehnsucht

2. Aus der Tiefe meiner Sehnsucht rufe ich zu dir, auch wenn ich rede, bin ich sprachlos, gib du mir die Stimme.

Herr, erbarme dich ...

3. Aus der Tiefe meiner Sehnsucht rufe ich zu dir, auch wenn ich singe, erklingt kein Lied, gib du mir den Gesang.

Herr, erbarme dich ...

4. Aus der Tiefe meiner Sehnsucht rufe ich zu dir, auch wenn ich liebe, glüht keine Glut, hol du mich aus dem Tod.

Herr, erbarme dich ...

Text: H.-J. Netz, Melodie: P. Janssens

aus „Exodus", 1979

* Capo III - D-dur

B 101 Soviele warten im Land

2. Soviele warten im Land auf die bessere Zeit, soviele warten im Land auf Gerechtigkeit, und hängen die Fahne in den Wind, in diesem Land wie überall.

Herr, ich will über meinen Schatten springen ...

3. Soviele warten im Land auf die bessere Zeit, soviele warten im Land auf die Freiheit, und werfen die Flinte ins Korn, in diesem Land wie überall.

Herr, ich will über meinen Schatten springen ...

Text: H.-J. Netz, Melodie: H. Clausen

aus: „Exodus“, 1979

B 102 Ich lobe meinen Gott

2. Ich lobe meinen Gott, der mir den neuen Weg weist, damit ich handle. Ich lobe meinen Gott, der mir mein Schweigen bricht, damit ich rede.

Ehre sei Gott auf der Erde ...

3. Ich lobe meinen Gott, der meine Tränen trocknet, daß ich lache. Ich lobe meinen Gott, der meine Angst vertreibt, damit ich atme.

Ehre sei Gott auf der Erde ...

Text: H.-J. Netz, Melodie: C. Lehmann

aus: „Exodus", 1979

B 103 Neue Hoffnung, neues Leben

2. Im Angesicht des Todes hat er uns seinen Sohn gesandt, im Angesicht des Todes hat er sich klar zu uns bekannt.

Neue Hoffnung, neues Leben ...

3. Im Angesicht des Schreckens ist seine Kraft uns Schwachen nah, im Angesicht des Schreckens ist sein Reich für uns alle da.

Neue Hoffnung, neues Leben ...

Text: E. Bücken, Melodie: C. Lehmann
aus: ,,Exodus'', 1979

B 104 Steh mit mir auf

2. Laß uns nicht zufrieden sein mit jedem kleinen Schritt, laß uns nicht zufrieden sein, auf dem Weg gehen viele mit.

Steh mit mir auf ...

3. Laß uns nicht zufrieden sein, wir wollen heute leben, laß uns nicht zufrieden sein, wir wollen weitergeben.

Steh mit mir auf ...

Text: H.-J. Netz, Melodie: P. Janssens

aus: „Exodus", 1979

B 105 Mühle und Kelter

2. Weizenkörner, Trauben, hört von unserm Glauben: wer nicht in die Mühle fällt, leidet keine Not, wird kein Brot.

3. Weizenkörner, Trauben, hört von unserm Glauben: wer nicht in die Kelter fällt, wird auch nicht gepreßt für das Fest.

Text: W. Willms, Melodie: O. G. Blarr

aus: „Exodus", 1979

❋ Capo II – G-dur

B 106 Wir ziehen aus

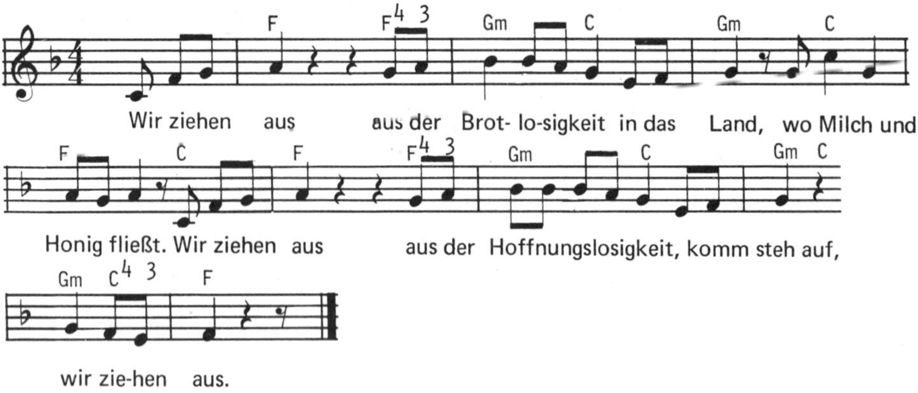

2. Wir ziehen aus aus der Mutlosigkeit in das Land, wo Licht und Sonne scheint. Wir ziehen aus aus der Hoffnungslosigkeit, komm steh auf, wir ziehen aus.

3. Wir ziehen aus aus der Trostlosigkeit in das Land, wo neues Leben wächst. Wir ziehen aus aus der Hoffnungslosigkeit, komm steh auf, wir ziehen aus.

Text: E. Bücken, Melodie: O. G. Blarr
aus: „Exodus", 1979
 ❋ Capo III - D-dur

B 107 Das Lied von der Rettung

2. Das Wort von der Liebe bringt Freude ins Leid, verhilft uns zum Glauben, der trägt und befreit. Und bebt auch die Erde, und bleibt sie fast stehn, das Zeichen der Hoffnung ist dennoch zu sehn.

3. Das Zeichen der Hoffnung verändert die Welt. Es leuchtet im Dunkel, damit niemand fällt. Und gehen die Jahre und Tage dahin, das Lied von der Rettung ist unser Gewinn.

Text: E. Bücken, Melodie: H. Clausen
 ❋ Capo III - D-dur

B 108 Wir haben Gott gefunden

2. Auf dem Weg durch die Zeiten: Ohnmacht und Wut, auf dem Weg über Kreuze: Terror und Fluch, auf dem Weg durch den Tod bleibe bei uns, Herr, sonst sind wir verloren.

Wir haben Gott gefunden ...

Text: U. Seidel, Melodie: P. Janssens

aus: „Exodus", 1979

* Capo III - D-dur

B 109 Jage dem Frieden nach

2. Glaub an die Freundlichkeit, sei gütig mit jedermann. Die Angst im Streit steckt an, sie geht sehr schnell zu weit, darum glaub an die Freundlichkeit.

3. Steck deine Schläge ein, ertrag sie von jedermann. Die Angst im Leid nimm an, wie Jesus wirst du sein, darum steck deine Schläge ein.

4. Freu dich den Herrn zu sehn im Frieden mit jedermann. Der Mut Schalom steckt an, er läßt uns weitergehn, darum freu dich den Herrn zu sehn.

Text: F. K. Barth, Melodie: H. Clausen

* Capo II – C-dur

B 110 Wahrheit (Kanon)

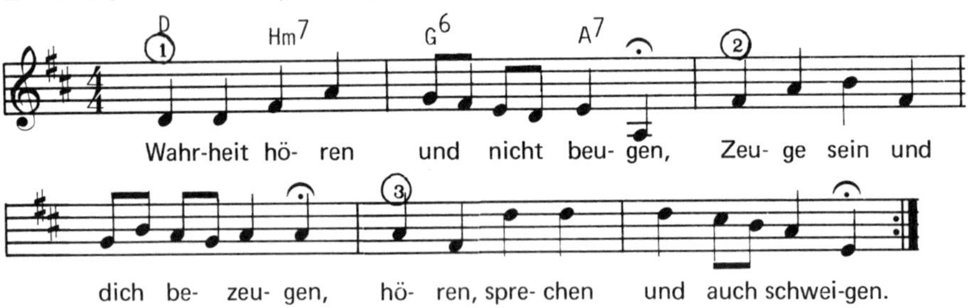

Text: S. R. Senge, Melodie: C. Herbring

B 111 Wer Gutes tut

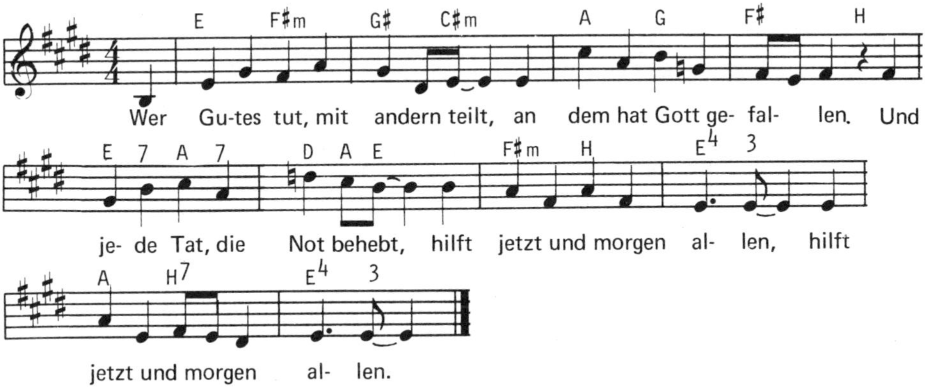

2. Wer Liebe gibt und Mitleid zeigt, wird Gottes Reich ansagen. Und jeder Trost, der Zuflucht ist, kann jetzt und morgen tragen.

3. Wer Frieden schließt und Freude bringt, dem steht der Himmel offen. Und jeder Schritt zur Freiheit hin läßt jetzt und morgen hoffen.

Text: E. Bücken, Melodie: O. G. Blarr

B 112 Wort, das lebt und spricht

2. Wort, das lebt und spricht ... Laß auch uns dein Brief sein, der in vielen Zeichen deiner Liebe Raum gibt.

3. Wort, das lebt und spricht ... Schreib ins Buch des Lebens ein mit deiner Handschrift unser aller Namen.

Text: D. Trautwein, Musik: O. G. Blarr

❋ Capo III – D-dur ; (G9 : )

B 113 Wir tauschen aus

2. Wir tragen aus, wir tragen ein die Liebe neu ins Herz aus Stein. Ein Stück in mir, ein Stück in dir ist hoffnungsvoll, wird Hilfe sein.

3. Wir stehen auf, wir stehen ein in dieser Welt für Groß und Klein. Ein Stück zu mir, ein Stück zu dir, geborgen sind wir, nicht allein.

Text: E. Bücken, Melodie: L. Edelkötter

B 114 All eure Sorgen

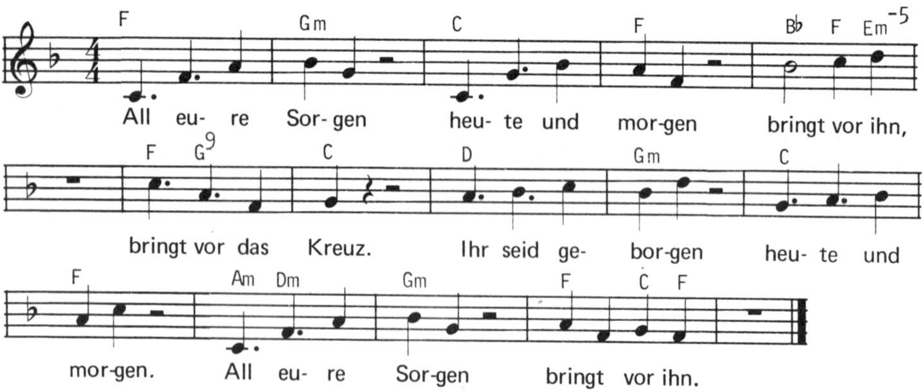

2. All eure Zwänge, Weite und Enge bringt vor ihn, bringt vor das Kreuz. Was euch bedränge, Weite und Enge, all eure Zwänge bringt vor ihn.

3. All eure Fragen, Freuden und Klagen bringt vor ihn, bringt vor das Kreuz. Jesus wird tragen Freuden und Klagen, all eure Fragen bringt vor ihn.

Text: E. Bücken, Melodie: O. G. Blarr

* $Em^{-5} = Gm^{6}$; G^{9} :

B 115 Lebenseinmaleins

2. Willst du das Geld gewinnen, willst du der Reichste sein, dann höre auf das alte Lebenseinmaleins: der Starke wird siegen, der Schwache unterliegen.

3. Willst du den Streit gewinnen, willst du der Stärkste sein, dann höre auf das alte Lebenseinmaleins: der Starke wird siegen, der Schwache unterliegen.

4. Willst Freunde du gewinnen, und Freund für andere sein, versuchs mal mit dem neuen Lebenseinmaleins: Keiner muß mehr siegen, und keiner unterliegen.

5. Soll wirklich Frieden werden, und wirklich Frieden sein, dann höre auf das neue, das Lebenseinmaleins: Keiner wird mehr siegen, und keiner unterliegen.

Text: H.-J. Netz, Melodie: C. Lehmann

※ Capo II - C-dur

B 116 Alle eure Sorge

Text: Bibel, Melodie: C. Lehmann

※ Capo II - D-dur

B 117 Aus der Tiefe rufe ich zu dir

2. Aus der Tiefe rufe ich zu dir: Herr, öffne deine Ohren, aus der Tiefe rufe ich zu dir: ich bin hier ganz verloren.

3. Aus der Tiefe rufe ich zu dir: Herr, achte auf mein Flehen, aus der Tiefe rufe ich zu dir: ich will nicht untergehen.

4. Aus der Tiefe rufe ich zu dir: nur dir will ich vertrauen, aus der Tiefe rufe ich zu dir: auf dein Wort will ich bauen.

Text: U. Seidel, Melodie: O. G. Blarr

aus „Wenn der Stacheldraht blüht", 1981

❋ F♯m^{-5} = Am^{6} : 

B 118 Wer in der Liebe bleibt

Wer in der Liebe bleibt ...

2. Liebe, wir kehren ein in hellen Hallen, Liebe reicht Brot und Wein uns allen, allen.

Wer in der Liebe bleibt ...

Text: K. Berg, Melodie: O. G. Blarr

❋ Capo III - D-dur

B 119 Emmauslied

2. Wir schmieden unsre Pläne und glauben manchmal weit zu gehn. Mit uns und unsrem Glück am Ende brennt unser Herz, den Herrn zu sehn.

Sucht euer Leben nicht bei den Toten.

3. Wir hoffen auf Erlösung und wagen manchmal aufzustehn. Mit uns und unsrem Mut am Ende brennt unser Herz, den Herrn zu sehn.

Sucht euer Leben nicht bei den Toten.

4. Er geht mit seinen Freunden und teilt mit ihnen Brot und Wein. Für uns und unsre Zeit ein Anfang kehrt unser Herz bei Jesus ein.

Sucht euer Leben nicht bei den Toten.

Text: F. K. Barth, Melodie: C. Lehmann

❋ Capo II - D-dur

B 120 Eines Tages

2. Eines Tages, so hört die Tochter in Mutters Arm, werden die Menschen ihre Grenzen erkennen, und die Erde wird nicht mehr bluten. Eines Tages, so hört der Junge in einem Kuß, werden die Menschen nur der Liebe noch dienen, aber nicht mehr den mächtigen Herrn.
Eines Tages wird die Erde allen Menschen gehören ...

3. Eines Tages, so singt der Vogel im freien Feld, werden die Menschen sich nicht mehr verkaufen, sie gehören nur sich selbst. Eines Tages, so singt der Vogel im freien Land, werden die Menschen ihre Freiheit erfahren, in Liebe und Frieden mit Gott.
Eines Tages wird die Erde allen Menschen gehören ...

Text: H.-J. Netz, Melodie: C. Lehmann

aus: „Wenn der Stacheldraht blüht", 1981

* $Em^{-5} = Gm^{6}$

B 121 Wie der Regen und der Schnee

2. Wie die Flüsse und das Meer ihre Bahnen nicht verlassen, Fischen eine Heimat geben, so ist Gottes Liebe auf der Erde.

Wie ein Wort ...

3. Wo die Menschen aller Farben Gottes Wort erfahren haben und das neue Land vor Augen sehn, da lebt Gottes Liebe auf der Erde.

Wie ein Wort ...

Text: H.-J. Netz, Melodie: H. Clausen

aus: „Wenn der Stacheldraht blüht", 1981

B 122 Hörst du nicht

2. Siehst du nicht, siehst du nicht? Sie hausen in feuchten Baracken und tragen zerrissne Schabracken. Siehst du nicht die Not der Welt?

Es ist schwer, jemand zu wecken, der sich schlafend stellt.

3. Fühlst du nicht, fühlst du nicht den Hunger, den Durst und das Fieber? Was gehst du an ihnen vorüber? Fühlst du nicht die Not der Welt?

Es ist schwer, jemand zu wecken, der sich schlafend stellt.

Text: K. Berg, Melodie: O. G. Blarr

aus: „Wenn der Stacheldraht büht", 1981

❋ Capo I - E-moll

B 123 Stumme Sänger

2. Stumme Sänger an den Straßenecken, ihr weint Tränen, die keiner sieht. In euren Herzen lebt die alte Sehnsucht, daß aus den Tränen die Flut wird zur Freiheit.

3. Stumme Sänger an den Straßenecken, ihr träumt den Traum vom freien Land. In euren Herzen lebt die alte Sehnsucht, daß euer Traum zum Tag wird, zur Freiheit.

Text: H. J. Netz, Melodie: P. Janssens
aus: „Wenn der Stacheldraht blüht", 1981

B 124 Blumen blühn nicht mehr

2. Verstaubt sind die Häuser, in denen jeder Stein eine Geschichte kennt. Erst holten sie die Väter, und bis zum letzten Sohn vertrieben sie das Volk. Der Haß wächst mit jedem neuen Tag.

Blumen blühn nicht mehr ...

3. Verwaist sind die Gräber, in denen hundertfach Hoffnung begraben liegt. Zwischen den Kreuzen singen noch Straßenvögel ihr Lied mit der uralten Melodie: frei sein wird wieder unser Volk.

Blumen blühn nicht mehr ...

Text: H.-J. Netz, Melodie: C. Lehmann

aus „Wenn der Stacheldraht blüht", 1981

❋ $G♯m^{7-5}$ = Hm^{6} ; $C♯m^{7-5}$ = Em^{6}

B 125 Unter uns

2. Wer kann den Durst nach Freiheit stillen, wenn nicht die Freiheit selbst?
Wenn wir den Wein des Lebens teilen, in Jesu Namen, in Jesu Namen, dann ist der Geist der Freiheit unter uns.

Text: H.-J. Netz, Melodie: Chr. Lehmann
aus: „Wenn der Stacheldraht blüht", 1981

❊ F♯m^{-5} = Am^{6} : 

B 126 Fürchte dich nicht

2. Fürchte dich nicht, du gehst nicht verloren, bleib bei den Fröhlichen, teil ihre Freude, so groß die Liebe, so groß der Schmerz, so groß die Liebe, so groß der Schmerz.

3. Fürchte dich nicht, du gehst nicht verloren, bleib bei den Schweigenden, teil ihre Schwermut, so groß die Liebe, so groß der Schmerz, so groß die Liebe, so groß der Schmerz.

Text: F. K. Barth, P. Horst, Melodie: P. Janssens

aus: „Uns allen blüht der Tod", 1979

B 127 Das Zeichen

Text: S. Ben-Chorin, Melodie: F. Baltruweit

❋ Capo II - C-dur

Kinderlieder

C 1 Wir singen vor Freude

2. Wir springen vor Freude ... Hier springt einer ...
3. Wir klatschen vor Freude ... Hier klatscht einer ...
4. usw.

Text: E. Bücken, Melodie: P. Janssens

C 2 Kommt alle her

2. Kommt alle her, die Musik spielt. Kommt alle her, singt dieses Lied. Kommt alle her, stampft mit dem Fuß, kommt her und macht mit!

3. Kommt alle her, ob klein ob groß, kommt alle her, hier ist was los. Kommt alle her, springt in die Luft, kommt her und macht mit!

4. Kommt alle her, klatscht in die Hand. Kommt alle her, stampft mit dem Fuß. Kommt alle her, springt in die Luft, kommt her und macht mit!

Text: H.-J. Netz, Melodie: R. Ibe

❊ Capo III – G-dur

C 3 Wie eine Welle

2. Zwinkern ist wie eine Welle ... Und schon kommt die zweite Welle, ... wir ziehen um die ganze Welt, weil zwinkern, und singen unsre Welt erhellt.

3. Streicheln ist wie eine Welle ... Und schon kommt die dritte Welle ... wir ziehen um die ganze Welt, weil streicheln, und zwinkern, und singen unsre Welt erhellt.

4. Schmusen ist wie eine Welle ... Und schon kommt die vierte Welle ... wir ziehen um die ganze Welt, weil schmusen, und streicheln, und zwinkern, und singen unsre Welt erhellt.

5. Tanzen ist wie eine Welle ... Und schon kommt die fünfte Welle ... wir ziehen um die ganze Welt, weil tanzen, und schmusen, und streicheln, und zwinkern, und singen unsre Welt erhellt.

6. Tragen ist wie eine Welle ... Und schon kommt die sechste Welle, ... wir ziehen um die ganze Welt, weil tragen, und tanzen, und schmusen, und streicheln, und zwinkern, und singen unsre Welt erhellt.

Text: J. Fliege, Melodie: H. Clausen

aus: „Wie der Angst die Luft ausgeht – Kinderbeatmesse", 1981

C 4 Wir sind die Kleinen

2. Wir sind die Kleinen in den Gemeinden, doch ohne uns geht gar nichts, ohne uns geht's schief. Wir sind das Licht in der Nacht der Gemeinde, egal was andre meinen, wir machen mit.

3. Wir sind die Kleinen in den Gemeinden, doch ohne uns geht gar nichts, ohne uns geht's schief. Wir sind die Hefe im Teig der Gemeinde, egal was andre meinen, wir machen mit.

4. Wir sind die Kleinen in den Gemeinden, doch ohne uns geht gar nichts, ohne uns geht's schief. Wir sind der Schatz im Acker der Gemeinde, egal was andre meinen, wir machen mit.

5. Wir sind die Kleinen in den Gemeinden, doch ohne uns geht gar nichts, ohne uns geht's schief. Wir sind die Kinder im Leben der Gemeinde, egal was andre meinen, wir machen mit.

Text: J. Fliege, D. Fissel, Melodie: H. Clausen

aus: „Wie der Angst die Luft ausgeht – Kinderbeatmesse", 1981

C 5 Wir wünschen, Herr

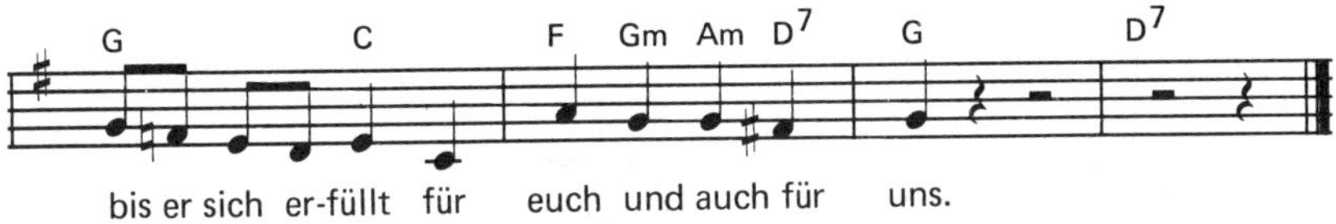

2. Wir wünschen, Herr, daß jeder Mensch auf der Welt, daß jeder Mensch Freunde hat. Wir singen diesen Wunsch ...

3. Wir wünschen, Herr, daß jedes Volk auf der Welt, daß jedes Volk Frieden hat. Wir singen diesen Wunsch ...

Text: H.-J. Netz, Melodie: C. Lehmann

aus: ,,Fünf Brote und zwei Fische — Kinderbeatmesse, 1977

※ $Em^{-5} = Gm^{6}$

C 6 Wievielen Kindern

2. Wievielen Kindern auf der Welt geht es schlecht, ihr Bauch, der wird vom Hunger dick. Wievielen Kindern auf der Welt geht es schlecht, ihnen fehlt das tägliche Brot.

Zuvielen geht es schlecht ...

3. Wievielen Kindern auf der Welt geht es schlecht, sie sind den ganzen Tag allein, wievielen Kindern auf der Welt geht es schlecht, sie haben keinen Freund.

Zuvielen geht es schlecht ...

Text: H.-J. Netz, Melodie: P. Janssens

aus: ,,Der grüne Zweig'', 1980

C 7 Meine Angst

2. Meine Angst ist wie ein rotes Licht, sie sagt: halt, wach auf und schlafe nicht, du kannst doch den Kopf nicht abwenden, wenn Vögel und Fische verenden.

Ich bleibe nicht stumm ...

3. Meine Angst ist wie ein rotes Licht, sie sagt: halt, wach auf und schlafe nicht, du kannst doch die Luft nicht gebrauchen, wenn 10 000 Schornsteine rauchen.

Ich bleibe nicht stumm ...

4. Meine Angst ist wie ein rotes Licht, sie sagt: halt, wach auf und schlafe nicht, du kannst dich doch nicht einfach fügen wenn Menschen einander betrügen.

Ich bleibe nicht stumm ...

Text: J. Fliege, Melodie: C. Lehmann

aus: „Wie der Angst die Luft ausgeht – Kinderbeatmesse", 1981

C 8 Sei nicht dumm

2. Wie arm ist ne Kirchenmaus, wofür geb ich Geld aus, was tut man für Gotteslohn, wieviel Zinsen hab ich schon?

Sei nicht dumm ...

3. Wann beginnt die Hungersnot, was kommt nach dem Tod, wer regiert die Welt, was heißt sterben wie ein Held?

Sei nicht dumm ...

Text: W. Schmölders, Melodie: P. Janssens
aus: „He du mich drückt der Schuh", 1975

❋ Capo III – D-dur

C 9 Gib uns heute

Text: O. Herlyn, Melodie: unbekannt

C 10 Eine freudige Nachricht

2. Erst war die Nachricht noch wie versteckt. Drei oder vier, die haben's entdeckt und haben die Nachbarn aufgeschreckt.

Eine freudige Nachricht ...

3. Türen und Fenster rissen sie auf, schrien's die Straße hinunter, hinauf. Und so nahm die Freude ihren Lauf.

Eine freudige Nachricht ...

4. Einer fragte den Andern: „Du! Hast Du's gehört? Was sagst du dazu?" Und Hunderte, Tausende wußten's im Nu.

Eine freudige Nachricht ...

5. Alle kamen, alt, jung, klein und groß, Erwachsene, Kinder und freuten sich bloß. Der Großvater sagte: „Was ist heute los?"

Eine freudige Nachricht ...

6. Das war ein Singen und Fröhlichsein, ein Klatschen und Tanzen und Ringelrein, und jeder fiel in den Jubel ein.

Eine freudige Nachricht ...

7. Und wer es hörte, irgendwann, die Nachricht, die viele Menschen gewann, für den fing ein neues Leben an.

Eine freudige Nachricht ...

Text und Melodie: M. G. Schneider

aus: „Sieben Leben möcht ich haben"

C 11 Einander brauchen

2. Einander tragen in Traurigkeit, gemeinsam heilen die Einsamkeit.

3. Einander helfen in Leid und Not, gemeinsam danken für Wein und Brot.

4. Einander mahnen in Zank und Streit, gemeinsam lindern die Bitterkeit.

5. Einander streicheln in Schlaf und Traum, gemeinsam liegen im Apfelbaum.

6. Einander sagen, was recht und gut, gemeinsam bitten um etwas Mut.

7. Einander glauben zu jeder Zeit, gemeinsam hoffen schon himmelweit.

Text und Melodie: O. Herlyn

❋ Capo II - A-moll

C 12 Guter Gott, dankeschön

2. Lieber Gott, dankeschön! Wenn wir zu der Schule gehn, geh' du bitte Schritt für Schritt mit uns allen mit.

Fröhlich gehe ich ...

3. Lieber Gott, dankeschön! Wenn wir raus zum Spielen gehn, bleib' bei uns und gehe mit, daß uns nichts geschieht.

Fröhlich gehe ich ...

4. Guter Gott, dankeschön! Wenn wir abends schlafengehn, gib im Schlaf noch auf uns acht in der dunklen Nacht.

Fröhlich gehe ich ...

Text der 1. Strophe und Melodie: Pfälzer Kindermesse
Alle weiteren Strophen: Rolf Krenzer

aus: Rolf Krenzer „Regenbogen bunt und schön"

C 13 Die Reise der Sonne

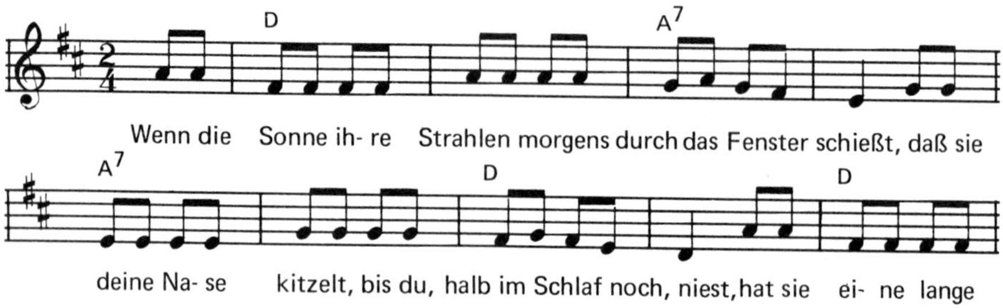

2. Liegst du noch in schönsten Träumen, fängt die Sonnenfahrt schon an, langsam rollt sie über China zur Türkei, zum Muselmann, läßt die Mongolei im Rücken, war in Rußland, in Tibet, sah Arabien und Indien, bis sie hier am Himmel steht.

Lalala ...

3. Und gehst du am Abend schlafen, reist sie weiter um die Welt, klettert westwärts hinterm Walde, hinterm Berge oder Feld, flugs in einen andern Himmel, den von Cuba und Peru und weckt dort die Indianer, und die niesen dann wie du.

Lalala ...

Text: E. Rechlin, Melodie: H. Lemmermann

aus: „Die Zugabe Bd. 3"

C 14 Nun wollen wir singen das Abendlied

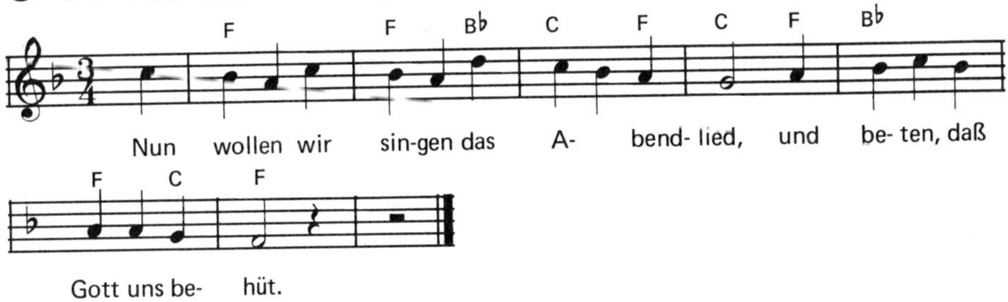

2. Es weinen viel Augen wohl jegliche Nacht, bis morgens die Sonne erwacht.

3. Es wandern viel Sterne am Himmelsrund, wer sagt ihnen Fahrweg und Stund?

4. Daß Gott uns behüt, bis die Nacht vergeht, kommt, singet das Abendgebet!

Text und Melodie: Aus dem Odenwald

C 15 Kindermutmachlied

2. Wenn einer sagt: ,,Ich brauch dich, du, ich schaff es nicht allein'', dann kribbelt es in meinem Bauch, ich fühl mich nicht mehr klein.
Lalalala ...

3. Wenn einer sagt: ,,Komm, geh mit mir, zusammen sind wir was'', dann werd ich rot, weil ich mich freu, dann macht das Leben Spaß.
Lalalala ...

4. Gott sagt zu dir: ,,Ich hab dich lieb und wär so gern dein Freund. Und das, was du allein nicht schaffst, das schaffen wir vereint!''
Lalalala ...

Text und Melodie: A. Ebert

aus: ,,Feiert Gott in eurer Mitte''

❋ Capo III - D-dur

C 16 Herr Uklatsch

2. Steigt Uklatsch in die Straßenbahn, dann fängt sie schon zu wackeln an — von vorne nach hinten, von links nach rechts.

3. Zieht Uklatsch neue Jacken an, dann bleiben keine Knöpfe dran — von vorne nach hinten, von links nach rechts.

4. Herrn Uklatsch war die Hos zu eng, beim Bücken machte es dann: peng — von vorne nach hinten, von links nach rechts.

5. Und plötzlich rennt Herr Uklatsch los und runter rutscht die ganze Hos — von vorne nach hinten, von links nach rechts.

6. Er rennt um viele Ecken rum, ein Polizist guckt auch ganz dumm — von vorne nach hinten, von links nach rechts.

7. *(langsam)* Jetzt macht Uklatsch ne Hungerkur und ißt das halbe Essen nur. — *(immer schneller werden:)* Von hinten nach vorne, von rechts nach links.

Text: H.-J. Netz, Melodie: P. Janssens

aus: „He du mich drückt der Schuh“, 1975

C 17 Die andern dürfen alles

2. Hausaufgaben später machen, erst mal spielen gehn, Taschengeld für sich ausgeben, nichts ins Sparschwein tun.

Die andern dürfen alles ...

3. Müssen nicht zur Oma fahren, wenn sie mal nicht wolln, laut im Hausflur Lieder singen, keiner regt sich auf.

Die andern dürfen alles ...

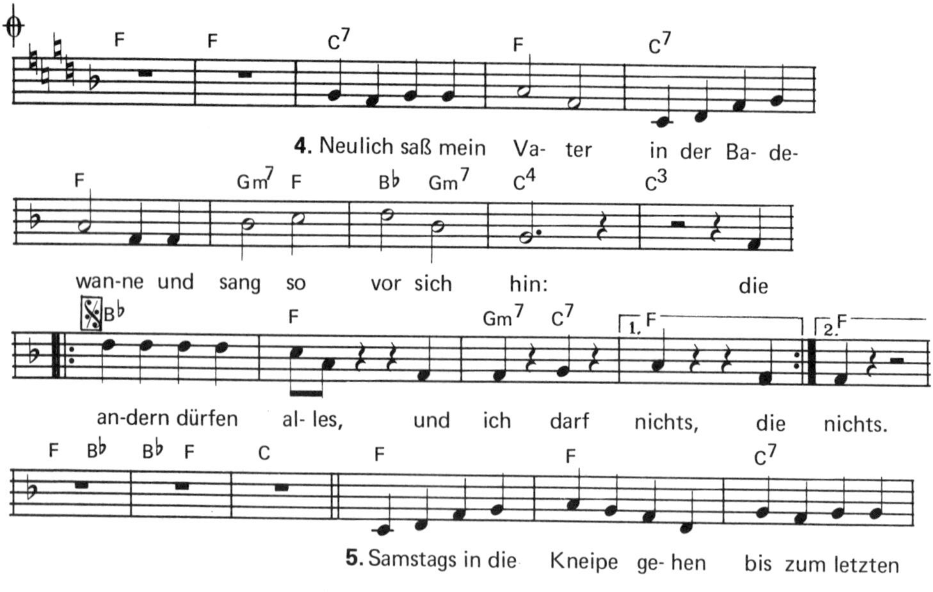

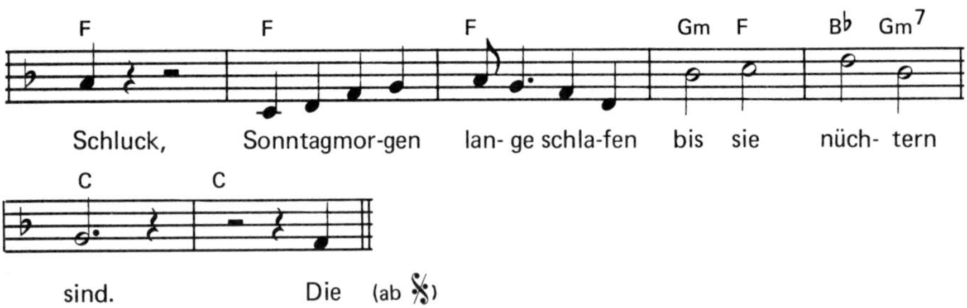

Text: H.-J. Netz, Melodie: P. Janssens
aus: „He du mich drückt der Schuh", 1975

C 18 Die gute fette Weide

2. Die große runde Erde ist für die ganze Herde und nicht für dich allein,
das kann nicht anders sein ...

3. Die Wälder und die Wiesen sind nicht nur für die Riesen, sie sind für groß und klein,
das kann nicht anders sein ...

Text: W. Willms, Melodie: P. Janssens
aus: „Der Herr ist mein Sinn", 1977

C 19 He du, mich drückt der Schuh

2. Ich hab Krach mit meinem Freund, hab große Wut auf ihn.
Nanu, nanu ...

3. Eine Fünf hab ich geschrieben, ist meine zweite schon.
Nanu, nanu ...

Text: H.-J. Netz, Melodie: P. Janssens

aus: ,,He du mich drückt der Schuh'', 1975

C 20 Der Cowboy Jim aus Texas

2. Der Floh tat Jim begleiten. Er hatte Spaß am Reiten, und ging der Jim aufs Klo, dann tat das auch sein Floh.

Jippijeh ...

3. Oft macht das Reiten Mühe. Jim hütet hundert Kühe. Da kommt er oft in Schweiß und ruft: ach was'n Scheiß.

Jippijeh ...

4. Am Tschikitschobasee ruft Jim sein Jippijeh, doch einst am Lagerfeuer, da wars da nicht geheuer.

Jippijeh ...

5. Im ersten Morgengrauen, da wollt man Jim verhauen, man schlich zu Jim fix, der schlief und merkte nix.

Jippijeh ...

6. Der Floh, der hört es trappeln, tat sich auch gleich berappeln und stach als echter Floh den Cowboy in den Po.

Jippijeh ...

7. Der Jim sprang auf und fluchte, als er das Weite suchte. So wars nix mit Verhauen im ersten Morgengrauen.

Jippijeh ...

8. Der Cowboy Jim aus Texas sitzt oft bei seiner Oma, und beide schaun sich dann im Fernsehn Cowboyfilme an.

Jippijeh ...

Text und Melodie: F. Vahle

aus: „Der Liederspatz"

C 21 Der Hase Augustin

2. Augustin, der flitzte, sprang über manche Pfütze und aß gern Rosenkohl. Doch kam der Gärtner angerannt, schon war der schnelle Hase weg, der Gärtner stand im Rosenkohl und staunte gar nicht schlecht. Dreimal Sapperment, dreimal Sapperment, das ist wohl der Augustin, das Naturtalent.

3. Einmal kam ein Jäger, ein dicker fetter Jäger, Herr Schlamm aus Düsseldorf. Der hatte sich ne Jagd gekauft, der wollte jetzt auf Hasen gehn, da kommt schon einer angerannt, Herr Schlamm hat ihn erkannt: Dreimal Sapperment, dreimal Sapperment, das ist wohl der Augustin, das Naturtalent.

4. Herr Schlamm nahm seine Flinte, die knallte los und stank, schon flitzt der Hase weg, die Kugel hinterher, doch der Hase war zu schnell, die Kugel fiel in'n Dreck, und Herr Schlamm, der schimpfte sehr: Dreimal Sapperment, dreimal Sapperment, das ist wohl der Augustin, das Naturtalent.

5. Augustin war stolz, er trug die Nase hoch, und einen Orden auch. Er wurde Landesmeister gar im großen Zickzacklauf, und bei der Ehrenrunde sangen alle Mann ganz laut: Seht mal, wer da rennt, seht mal, wer da rennt, das ist wohl der Augustin, das Naturtalent.

Text: F. Vahle, Melodie: M. Theodorakis

aus „Der Liederspatz"

C 22 Die Rübe

2. Paul staunt, und er sagt sich: Ei, wenn ich nur wüßt, wie groß und wie schwer diese Rübe wohl ist. Schon krempelt er eilig die Ärmel hoch, packt die Rübe beim Schopf und zog und zog.

3. Doch die Rübe die rührt sich kein bißchen vom Fleck, Paul zieht und Paul schwitzt, doch er kriegt sie nicht weg. Da ruft der Paul seinen Freund, den Fritz, und der kommt auch gleich um die Ecke geflitzt.

Hauruck zieht der Paul und Hauruck zieht der Fritz. Alle Mann, nix wie ran, ganz egal ob man schwitzt. Die Rübe ist dick und die Rübe ist schwer, wenn die dicke schwere Rübe doch schon rausgezogen wär!

4. Jetzt ziehn sie zu zweit mit Hallo und Hauruck, doch die Rübe bleibt drin, sie bewegt sich kein Stück. Und der Fritz, der läuft los, holt vom Nachbarn den Klaus, zu dritt kommt die Rübe ganz sicher heraus.

5. Herrje, was ne Rübe, ja da staunt auch der Klaus. Jetzt ziehen wir ganz fest und dann kommt sie schon raus. Doch die Rübe saß drin und da sagte der Klaus: Ich hol meine Schwester, die ist grad zu Haus.

Hauruck zieht der Paul ...

6. Jetzt ziehn sie zu viert, doch die Rübe bleibt drin. Der Fritz meint schon traurig: 's hat doch keinen Sinn. Ganz plötzlich ruft Paul: Hier, ich hab 'ne Idee, wie wärs, wenn wir mal zum Antonio gehn?

7. Doch da meint der Klaus: Sowas hilft uns nicht weiter. Das sind doch alles Kinder von so Gastarbeiter. Mein Vater sagt immer, die verschwänden viel besser, und außerdem sind das Spaghettifresser.

8. Das ärgert den Paul, was der Klaus da so spricht. Der Antonio ist kräftig, und dumm ist er nicht. Und außerdem, Klaus, hast du eins wohl vergessen, du hast dich an Spaghetti neulich fast überfressen.

9. Wir brauchen Antonio und auch seine Brüder. Klaus' Schwester verstehts, und sie läuft schnell hinüber, hat alle geholt, und gemeinsam gings ran, alle Kinder zusammen, die packten jetzt an.

Hauruck zieht der Paul ...

10. Den Antonio zieht der Carlo mit Hallo und Hauruck! Und sieh da, die dicke Rübe, die bewegt sich ein Stück, und jetzt nochmal Hauruck, und die Erde bricht auf, die Rübe kommt raus und liegt groß obendrauf.

11. Die Kinder, die purzeln jetzt all durcheinander, doch freut sich ein jeder nun über den andern, sie sehn, wenn man sowas gemeinsam anpackt, wird die allerdickste Rübe aus der Erde geschafft!

Text und Melodie: F. Vahle

aus: „Der Liederspatz"

C 23 Wer sagt, daß Mädchen dümmer sind

2. Wer sagt, daß Mädchen schwächer sind, wer sagt, daß Mädchen immer zickig sind, wer sagt, daß Mädchen artig sind, der spinnt, der spinnt, der spinnt. Wer sagt, die Mädchen fürchten sich, und petzen, und sind immer zimperlich, sind also blöd und hinderlich, hat'n Stich, hat'n Stich, hat'n Stich.

Mädchen sind genauso schlau wie Jungen ...

C 24 Wir armen, armen Kinder

2. Wir armen, armen Kinder, sind wir mal'n bißchen laut, schon hat da wer gerufen, der aus dem Fenster schaut:

Weg da, du Wicht! …

3. Wir armen, armen Kinder, wir mögen's nun mal schrill. Doch immer gibt es einen, der das nicht haben will:

Weg da, du Wicht! …

4. Wir armen, armen Kinder, wir springen gern querbeet. Doch überall, wo's schön ist, ein Schild, und darauf steht:

Weg da, du Wicht! …

5. Wir armen, armen Kinder, am liebsten wär'n wir wild. Doch kaum geht's los, ist einer, der um die Ecke brüllt:

Weg da, du Wicht! …

6. Wir armen, armen Kinder, was soll'n wir in der Welt? Im Sommer und im Winter sind Tafeln aufgestellt:

Weg da, du Wicht! …

7. Wir armen, armen Kinder, wir haben nicht viel Zeit. Wie lange soll'n wirs leiden, daß überall es schreit:

Weg da, du Wicht! …

Text: R. O. Wiemer, Melodie: E. Bücken

aus: „Neue Kinderlieder", BE 807

Lieder „für drinnen und draußen“

D 1 Die Gedanken sind frei

2. Ich denke, was ich will, und was mich beglücket, doch alles in der Still, und wie es sich schicket. Mein Wunsch und Begehren kann niemand verwehren, es bleibet dabei: die Gedanken sind frei!

3. Und sperrt man mich ein im finstersten Kerker, das sind alles rein vergebliche Werke; denn meine Gedanken zerreißen die Schranken und Mauern entzwei: die Gedanken sind frei!

4. Drum will ich auf immer den Sorgen entsagen und will mich auch nimmer mit Grillen mehr plagen. Man kann ja im Herzen stets lachen und scherzen und denken dabei: die Gedanken sind frei!

Text und Melodie: Volkslied (Flugblatt 1780–1800)

D 2 Kinder

3. Sind so kleine Ohren, scharf, und ihr erlaubt, darf man nie zerbrüllen, werden davon taub.

4. Sind so schöne Münder, sprechen alles aus. Darf man nie verbieten, kommt sonst nichts mehr raus.

5. Sind so klare Augen, die noch alles sehn. Darf man nie verbinden, könn sie nichts verstehn.

6. Sind so kleine Seelen, offen und ganz frei. Darf man niemals quälen, gehn kaputt dabei.

7. Ist son kleines Rückgrat, sieht man fast noch nicht. Darf man niemals beugen, weil es sonst zerbricht.

8. Grade, klare Menschen wärn ein schönes Ziel. Leute ohne Rückgrat habn wir schon zuviel.

Text und Melodie: B. Wegner

※ Geht leichter in E-moll (1 Ton höher)

D 3 Wir sind Kinder einer Erde

2. Einer praßt, die andern zahlen, das war bisher immer gleich. Nur weil viele Länder arm sind, sind die reichen Länder reich.

3. Wir sind Kinder einer Erde, doch es sind nicht alle frei. Denn in vielen Ländern herrschen Militär und Polizei.

4. Viele sitzen im Gefängnis, Angst regiert von spät bis früh. Wir sind Kinder einer Erde, aber tun wir was für sie?

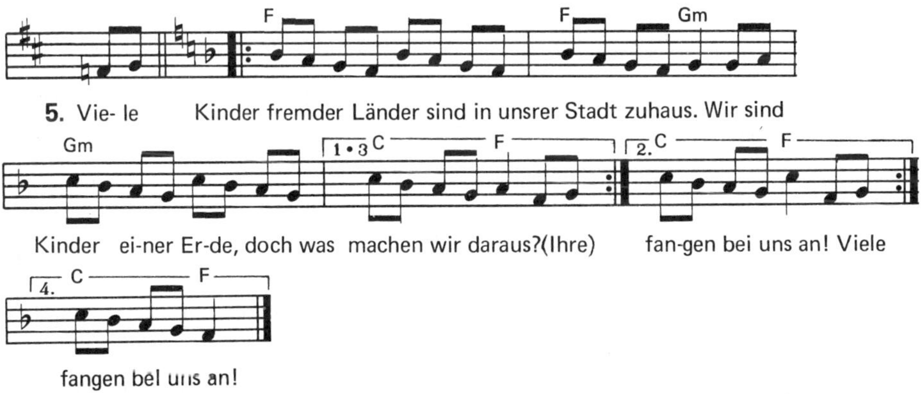

6. Ihre Welt ist auch die unsre, sie ist hier und nebenan. Und wir wollen sie verändern. Kommt wir fangen bei uns an!

Text: V. Ludwig, Melodie: B. Heymann
aus: „Das Grips-Liederbuch"

D 4 Straßen unserer Stadt (Streets of London)

2. Kennst du die alte Frau, die auf dem Marktplatz steht mit schneeweißem Haar, welke Blumen in der Hand? Die Leute geh'n vorbei, sie merkt nicht, wie die Zeit vergeht. So steht sie jedenTag und niemand stört sich dran.

Doch du ...

3. Im Bahnhofsrestaurant sitzt um ein Uhr in der Frühe derselbe alte Mann, und er sitzt ganz allein. Er ist der letzte Gast und das Aufsteh'n macht ihm Mühe. Fünf leere Stunden, fünf leere Gläser Wein.

Doch du ...

4. Siehst du den alten Mann, mit ausgetret'nen Schuh'n schlurft er über's Pflaster und er sieht so müde aus. Denn in einer Welt, in der nur noch Jugend zählt, ist für ihn kein Platz mehr und auch kein Zuhaus'.

Doch du ...

Englischer Originaltext:

1. Have you seen the old man in the closed down market, kicking in the papers with his worn out shoes? In his eyes you see no pride, hand held loosely by his side, yesterday's paper telling yesterday's news.

So how can you tell me you're lonely and say for you that the sun don't shine? Let me take you by the hand und lead you through the streets of London. I'll show you something to make you change your mind.

2. Have you see the old girl who walks the streets of London, dirt in her hair and her clothes in rags? She's no time for talkin', she just keeps right on walkin', carrying her home in two carrier bags.

So how can you tell me ...

3. In the all night café at quarter past eleven same old man sitting there on his own, looking at the world over the rim of his teacup. Each tea lasts an hour and he wanders home alone.

So how can you tell me ...

4. Have you seen the old man outside the seaman's mission, memory fading with the medal ribbons that he wears? In our winter city the rain cries a little pity for one more forgotten hero and a world that doesn't care.

So how can you tell me ...

Text und Melodie: R. McTell, deutscher Text: C. Heilburg

D 5 Völkerball

2. Die Reichen ohne Rast und Ruh, die spielen sich die Bälle zu, der Ball ist unser Fall, der Ball ist unser Fall.

Die Völker . . .

4. Wann endlich ballt die Liebe sich, ein Ball für uns, für mich und dich, der Ball der fehlt uns all, der Ball der fehlt uns all.

Die Völker . . .

Text: W. Willms, Melodie: E. Bücken

D 6 Wir sind die Moorsoldaten

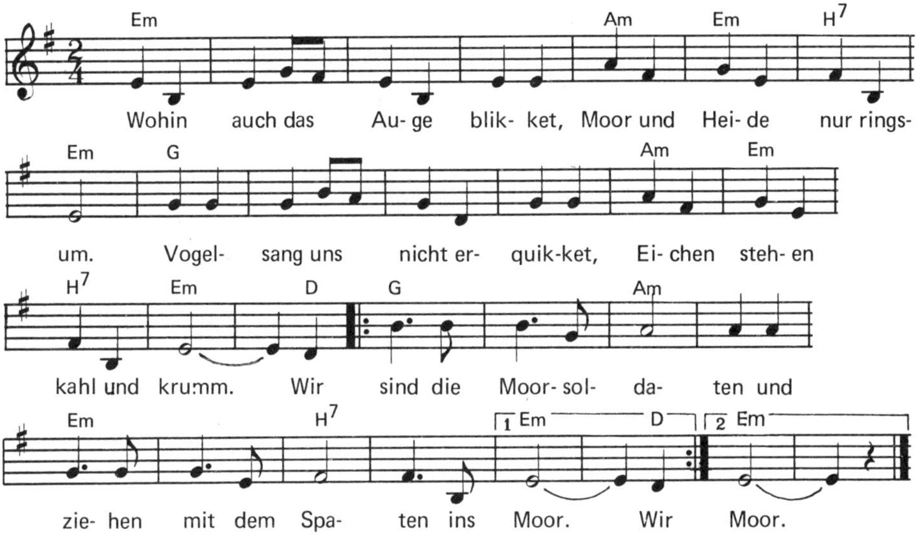

2. Hier in dieser öden Heide ist das Lager aufgebaut, wo wir fern von jeder Freude hinter Stacheldraht verstaut.

Wir sind die Moorsoldaten ...

3. Morgens ziehen die Kolonnen in das Moor zur Arbeit hin, graben bei dem Brand der Sonnen, doch zur Heimat steht der Sinn.

Wir sind die Moorsoldaten ...

4. Heimwärts, heimwärts! Jeder sehnet sich nach Eltern, Weib und Kind. Manche Brust ein Seufzer dehnet, weil wir hier gefangen sind.

Wir sind die Moorsoldaten ...

5. Auf und nieder geh'n die Posten, keiner, keiner kann hindurch. Flucht wird nur das Leben kosten, vierfach ist umzäunt die Burg.

Wir sind die Moorsoldaten ...

6. Doch für uns gibt es kein Klagen, ewig kann's nicht Winter sein. Einmal werden froh wir sagen: Heimat, du bist wieder mein! Dann ziehn wir Moorsoldaten nicht mehr mit dem Spaten in's Moor.

Text: Esser/Langhoff, Musik: Goguel, H. Eisler

D 7 Hawa nagila

(Kommt, wir werden jubeln und uns freuen. Kommt, wir werden singen. Wacht auf, Brüder, mit frohem Herzen.)

A. Z. Idelson

D 8 Hewenu schalom alejchem

Wir wollen Frieden für alle (2x), für alle Menschen hier auf Erden! Wir wollen Frieden, Frieden, Frieden in der Welt!

aus Israel

D 9 Dona, dona

2. ,,Stop complaining!'', said the farmer, ,,who told you a calf to be? Why don't you have wings to fly with like the swallow so proud and free?''

How the winds are laughing ...

3. Calves are easily bound and slaughtered, never knowing the reason why, but whoever treasures freedom like the swallow has learned to fly.

How the winds are laughing ...

Englischer Text: A. Kevess, T. Schwartz, S. Secunda
Melodie: S. Sekunda

(Der jiddische Text steht auf der nächsten Seite!)

Dos Kelbl *(die Melodie steht auf der vorigen Seite!)*

1. Oifn wogn ligt a kelbl, ligt gebundn mit a shtrik. Oifn himl flit a fejgl, flit un drejt sich hin un tsurik.

Lacht der wind in korn, lacht un lacht un lacht, lacht darob a tog a gantsn, mit a halbe nacht. Dona, dona, dona, dona, dona, dona, dona, daj.

2. Wejnt dos kelbl, sogt der pojer, wershe hejst dich sajn a kalb? Wolstu liber sajn a fejgl, wolstu liber sajn a shwalb?

Lacht der wind in korn ...

3. Bidne kelblech darf men bindn un men shlept sej un men shecht, wer's hot fligl flit arojf tsu, un is kejnem nisht kejn knecht.

Lacht der wind in korn ...

Jiddischer Text: A. Zeitlin

D 10 Hab' einen Traum – I have a dream

2. Hab' einen Traum vom bessren Leben und bin so jung an diesen Traum zu glauben. Hab' einen Traum mit vielen Farben, die sind so viel, da sieht ein jeder anders aus. Es wird, ich glaub daran, einmal dich niemand fragen nach der Haut, nach deiner Haut, nach meiner Haut, ich glaub daran! Ich glaub daran! I have a dream! I have a dream!

Text: T. Rother, Melodie: R. Hucklenbruch
aus: „Neue Geistliche Lieder II", BE 803

D 11 Ermutigung

2. Du, laß dich nicht verbittern in dieser bitt'ren Zeit. Die Herrschenden erzittern — sitzt du erst hinter Gittern — doch nicht vor deinem Leid.

3. Du, laß dich nicht erschrecken in dieser Schreckenszeit. Das woll'n sie doch bezwecken, daß wir die Waffen strecken schon vor dem großen Streit.

4. Du, laß dich nicht verbrauchen, gebrauche deine Zeit. Du kannst nicht untertauchen, du brauchst uns, und wir brauchen g'rad deine Heiterkeit.

5. Wir woll'n es nicht verschweigen in dieser Schweigenszeit: Das Grün bricht aus den Zweigen! Wir woll'n das allen zeigen, dann wissen sie Bescheid.

W. Biermann

aus: „Nachlaß 1" von Wolf Biermann

D 12 Soldat, Soldat

2. Soldat, Soldat, wo geht das hin? Soldat, Soldat, wo ist der Sinn? Soldat, Soldat, im nächsten Krieg, Soldat, Soldat, gibt es kein' Sieg! Soldat, Soldat, die Welt ist jung, Soldat, Soldat, so jung wie du! Die Welt hat einen tiefen Sprung, Soldat, am Rand stehst du!

3. Soldat, Soldat, in grauer Norm, Soldat, Soldat, in Uniform, Soldat, Soldat, ihr seid so viel, Soldat, Soldat, das ist kein Spiel! Soldat, Soldat, ich finde nicht, Soldat, Soldat, dein Angesicht! Soldaten seh'n sich alle gleich, lebendig und als Leich'! (2x)

W. Biermann

aus: ,,Nachlaß I'' von Wolf Biermann

D 13 Ballade vom Panzersoldat und vom Mädchen

2. Da stand im hellen Lichterglanz, die Schießbude vom Schießbuden-Franz. Da kam man gar nicht ran. Wer schießt hier! Wer trifft hier! Wer ist ein Held und ein Mann!

3. O Tannebaum und Christ ist geborn. Da keilte der Panzersoldat sich nach vorn, mit einem großen Schein. Hier, ich! — schrie er. Ich kauf! — schrie er, ich kauf alle Bleikugeln ein!

4. Der Schießbuden-Franz erstaunte sehr, gab alle seine Bleikugeln her, für dem Soldat sein Geld. Na bitte sehr mein Herr, sprach er, wenn's ihnen so gefällt.

5. Dann schmiß der gute Panzersoldat die ganze blöde Bleikugelsaat den Tannen ins Geäst. Da nehmt — sprach er, den Dreck — sprach er, da nehmt das Blei und freßt.

6. Da kam ein junges Mädchen gerannt, gab ihm Papierblumen in die Hand, und küßte ihn ganz offen. Du hast — sprach sie, du hast — sprach sie, du hast am besten getroffen.

Text und Melodie: W. Biermann

D 14 The universal soldier

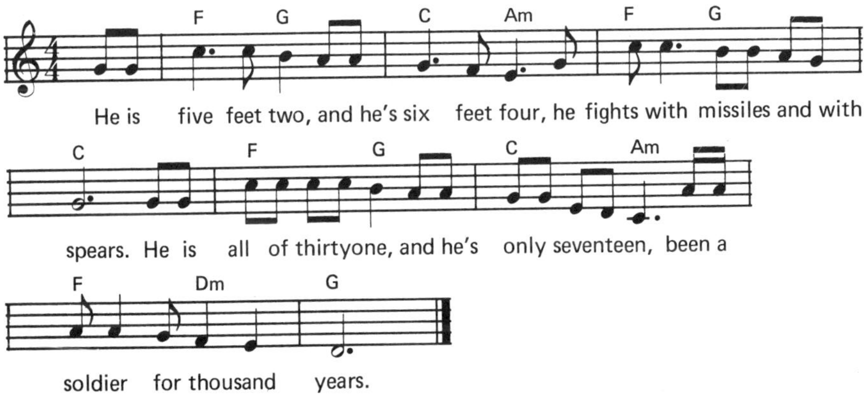

2. He's a Catholic, a Hindu, an Atheist, a Jain, a Buddhist and a Baptist and a Jew. And he knows he shouldn't kill, and he knows he always will kill you for me, my friend, and me for you.

3. And he's fighting for Canada, and he's fighting for France, he's fighting for the USA. And he's fighting for the Russians, and he's fighting for Japan, and he thinks we'll put an end to war this way.

4. And he's fighting democracy, he's fighting for the reds, he says it's for the peace of all. He's the one that must decide who's to live and who's to die. And he never sees the writing on the wall.

5. But without him, how would Hitler have condemned them at Dachau, without him Caesar would've stood alone. He's the one who gives his body as a weapon of the war, and without him all this killing can't go on.

6. He's the universal soldier, and he really is to blame, his orders come from far away no more. They come from here and there and you and me and, brothers, can't you see: This is not the way we put an end to war!

B. Sainte-Marie

D 15 We shall overcome

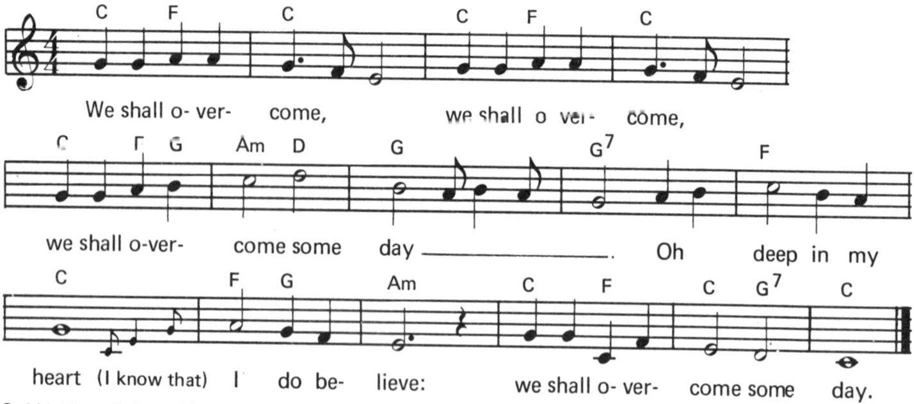

2. We'll walk hand in hand (3x) ... some day. Oh, deep in my heart I do believe that we shall overcome some day.

3. We are not afraid (3x) ... today. Oh, deep in my heart ...

4. We shall live in peace (3x) ... some day. Oh, deep in my heart ...

5. Truth will make us free (3x) ... some day. Oh, deep in my heart ...

6. We shall brothers be (3x) ... some day. Oh, deep in my heart ...

7. Black and white together (3x) ... some day. Oh deep in my heart ...

Z. Horton/F. Hamilton/G. Carawan/P. Seeger

D 16 Die Antwort weiß ganz allein der Wind

2. Wie viele Straßen auf dieser Welt, sind Straßen voll Tränen und Leid? Wie viele Meere auf dieser Welt, sind Meere der Traurigkeit? Wie viele Mütter sind lang schon allein, und warten, und warten noch heut?

Die Antwort, mein Freund ...

3. Wie viele Menschen sind heut' noch nicht frei und würden es so gerne sein? Wie viele Kinder geh'n abends zur Ruh' und schlafen vor Hunger nicht ein? Wie viele Träume erflehen bei Nacht: Wann wird es bei uns anders sein?

Die Antwort, mein Freund ...

Blowin' in the Wind

1. How many roads must a man walk down, before you can call him a man? — Yes, 'n how many seas must a white dove sail, before she sleeps in the sand? — Yes 'n how many times must a cannonball fly, before they forever are banned?

The answer, my friend, is blowin' in the wind, the answer is blowin' in the wind.

2. How many times must a man look up before he can see the sky? — Yes, 'n how many ears must one man have, before he can hear people cry? — Yes, 'n how many deaths will it take, till he knows that so many people have died?

The answer, my friend ...

3. How many years can a mountain exist, before it is washed to the sea? — Yes, 'n how many years can some people exist, before they're allowed to be free? — Yes, 'n how many times can a man turn bis head pretending he just doesn't see?

The answer, my friend ..

Text und Melodie: B. Dylan, Deutscher Text: H. Bradtke

D 17 Where have all the flowers gone

2. Where have all the young girls gone ... Gone to husbands everyone, when will they ever learn ...

3. Where have all the husbands gone ... Gone to soldiers everyone, when will they ever learn ...

4. Where have all the soldiers gone ... Gone to graveyards everyone, when will they ever learn ...

5. Where have all the graveyards gone ... Covered with flowers everyone, when will they ever learn ...

6. Where have all the flowers gone ... Young girls picked them everyone, when will they ever learn ...

Text und Melodie: P. Seeger

Sag mir, wo die Blumen sind

1. Sag mir, wo die Blumen sind, wo sind sie geblieben, sag mir, wo die Blumen sind, was ist gescheh'n? Sag mir, wo die Blumen sind? Mädchen pflückten sie geschwind. Wann wird man je versteh'n, wann wird man je versteh'n?

2. Sag mir, wo die Mädchen sind ... Männer nahmen sie geschwind ...

3. Sag mir, wo die Männer sind ... Zogen fort, der Krieg beginnt ...

4. Sag, wo die Soldaten sind ... Über Gräbern weht der Wind ...

5. Sag mir, wo die Gräber sind ... Blumen weh'n im Sommerwind ...

6. Sag mir, wo die Blumen sind ... Mädchen pflückten sie geschwind ...

Deutscher Text: M. Colpet

D 18 He's got the whole world

2. He's got the night and the day in his hand, he's got the earth and the sky in his hand, he's got the land and the sea in his hand, he's got the whole world in his hand.

3. He's got the sun and the moon in his hand, he's got the wind and the rain in his hand, he's got the springs and the falls in his hand, he's got the whole world in his hand.

4. He's got the birds on the trees in his hand, he's got the snakes and the bees in his hand, he's got the flowers on the ground in his hand, he's got the creatures in his hand.

5. He's got my father and my mother in his hand, he's got my brother and my sister in his hand, he's got the tiny little baby in his hand, he's got the whole world in his hand.

6. He's got you and me brother in his hand, he's got you and me sister in his hand, he's got you and me my friend in his hand, he has got you and me in his hand.

Er hält die ganze Welt

1. Er hält die ganze Welt in seiner Hand, er hält die ganze weite Welt in seiner Hand, er hält die ganze Welt in seiner Hand, er hält die Welt in seiner Hand.

2. Er hält den Tag und die Nacht in seiner Hand, er hält die Erde und den Himmel in seiner Hand, er hält das Land und das Meer in seiner Hand, er hält die Welt in seiner Hand.

3. Er hält die Sonne und den Mond in seiner Hand, er hält den Wind und den Regen in seiner Hand, er hält den großen Regenbogen in seiner Hand, er hält die Welt in seiner Hand.

4. Er hält die Bäume und die Büsche in seiner Hand, er hält die Tiere auf dem Felde in seiner Hand, er hält die Vögel und die Blumen in seiner Hand, er hält die Welt in seiner Hand.

5. Er hält den Vater und die Mutter in seiner Hand, er hält den Bruder und die Schwester in seiner Hand, er hält das süße kleine Baby in seiner Hand, er hält die Welt in seiner Hand.

6. Er hält auch dich und mich, mein Bruder, in seiner Hand, er hält auch dich und mich, mein' Schwester in seiner Hand, er hält auch euch, meine Freunde, in seiner Hand, er hält die Welt in seiner Hand.

Melodie: Spiritual

Deutscher Text: Halle 1972

D 19 Go tell it on the mountain

2. When I was a sinner, I prayed both night and day, I asked the Lord to help me, and he showed me the way.

Go tell it the mountain ...

3. Twas in a lowly manger, that Jesus Christ was born; the Lord sent down an angel, that bright and glorious morn.

Go tell it on the mountain ...

4. He made me a watchman, upon the city wall; and if I am a Christian, I am the least of all.

Go tell in on the mountain ...

Spiritual

D 20 Down by the riverside

2. Goin' to lay down my sword and shield ...
3. Goin' to put on my long white robe ...
4. Goin' to put on my golden shoes ...
5. Goin' to ride on my milk-white horse ...
6. Goin' to talk with the Prince of Peace ...

Text und Melodie: Spiritual

❋ Capo III - D-dur

D 21 Let us break bread together

2. Let us drink wine together on our knees (2x).
When I fall ...
3. Let us praise God together on our knees (2x).
When I fall ...

Text und Melodie: Spiritual

❋ Capo III - D-dur

D 22 Amen

2. See him in the temple, talking to the Elders, how they marvelled at his wisdom.
3. See him in the garden, praying to his father in deepest sorrow.
4. Yes, he is my savior, Jesus did to help us, and he rose on Easter.
5. Halleluja, in the kingdom with my savior, Amen, Amen.

Spiritual

❋ Capo III - D-dur

D 23 Kaum bemerkt

2. Einem Bettler gut genug war, was er am Leibe trug, barfuß lief er obendrein, nein, wer konnte das schon sein.

Text und Melodie: G. Moustaki

Deutscher Text: W. Brandin

D 24 Amazing grace

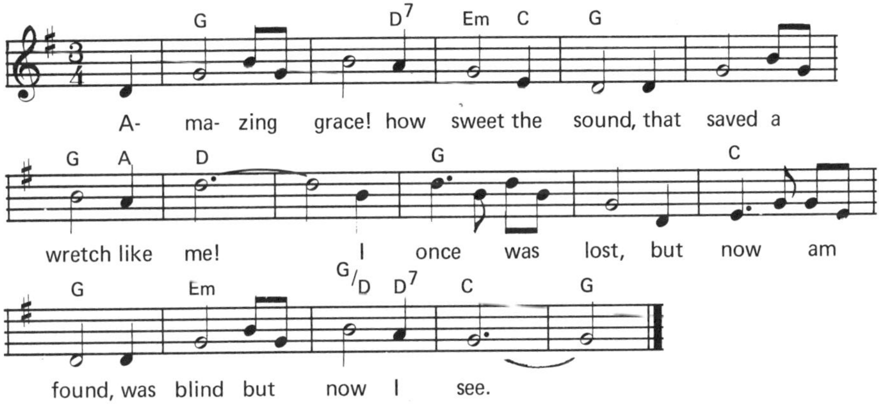

2. Twas grace that taught my heart to fear, and grace my fears relieved; how precious did that grace appear the hour I first believed!

3. Thro' many dangers, toils, and snares, I have already come; 'tis grace hath bro't me safe thus far, and grace will lead me home.

4. When we've seen there ten thousand years; bright shining as the sun, we've no less days to sing God's praise than when we first begun.

Traditional

D 25 Lord of the dance

2. Ich tanzte für den Schreiber und den Priester hier, ich tanzte, sie aber tanzten nicht mit mir. Ich tanzte für die Fischer an dem See: folgt mir nach, es kann weitergehn.

Tanz, tanz ...

3. Ich tanzte am Sabbat und ich heilte einen Mann. Die Frommen fragten, ob man das denn machen kann. Sie schlugen mich, peitschten mich, hängten mich hoch und feierten meinen Kreuzestod.

Tanz, tanz ...

4. Ich tanzte am Karfreitag und der Himmel war schwarz, doch tanzte sich's nicht gut mit den Bösen als Last. Sie begruben meinen Körper und sie dachten: „alles klar", aber ich bin der Tanz, es geht weiter ja.

Tanz, tanz ...

5. Sie schlugen mich klein, doch ich sprang hoch herauf. Ich bin das Leben, darum gebt euch niemals auf. Ich tanze in dir, so tanz du jetzt für mich, ich bin der Herr, komm und tanz für mich.

Tanz, tanz ...

Englischer Text:

1. I danced in the morning when the world was begun, and I danced in the moon and the stars und the sun, and I came from heaven and I danced on the earth, at Bethlehem I had my birth.

Dance, then, wherever you may be, I am the Lord of the dance, said he. And I'll lead you all wherever you may be, and I'll lead you all in the dance, said he.

2. I danced for the scribe and the pharisee, but they would not dance and they wouldn't follow me. I danced for the fishermen, for James and John; they came with me and the dance went on.

Dance, then, ...

3. I danced on the Sabbath and I cured the lame. The holy people they said it was a shame. They whipped and they stripped and they hung me on high, and they left me there on the cross to die.

Dance, then, ...

4. I danced on a Friday when the sky turned black. It's hard to dance with the devil on your back. They buried my body and they thought I'd gone, but I am the dance, and I still go on.

Dance, then, ...

5. They cut me down and I leapt up high. I am the life that'll never, never die. I'll live in you if you'll live in me. I am the Lord of the dance, said he.

Dance, then, ...

Text: Sydney Carter, Melodie: Traditional
Deutscher Text: R. Maschwitz

Rechte für den deutschen Text beim Autor

❋ Capo II - C-dur

D 26 Kein schöner Land

2. Da haben wir so manche Stund gesessen da in froher Rund, und taten singen: die Lieder klingen im Eichengrund.

3. Daß wir uns hier in diesem Tal noch treffen so viel hundertmal, Gott mag es schenken, Gott mag es lenken, er hat die Gnad.

4. Jetzt, Brüder, eine gute Nacht, der Herr im hohen Himmel wacht. In seiner Güten uns zu behüten ist er bedacht.

Text und Melodie: W. v. Zuccalmaglio

❋ Capo III - D-dur

D 27 Nehmt Abschied, Brüder

2. Die Sonne sinkt, es steigt die Nacht, vergangen ist der Tag. Die Welt schläft ein, und leis erwacht der Nachtigallen Schlag.

Der Himmel ...

3. So ist in jedem Anbeginn das Ende nicht mehr weit. Wir kommen her und gehen hin und mit uns geht die Zeit.

Der Himmel ...

4. Nehmt Abschied, Brüder, schließt den Kreis, das Leben ist ein Spiel. Nur wer es recht zu leben weiß, gelangt ans große Ziel.

Der Himmel ...

Auld lang syne

1. Should auld acquantaince be forgot and never brought to mind? Should auld acquantaince be forgot and days of auld lang syne?

For auld lang syne, my dear, for auld lang syne, we'll tak' a cup o' kindness yet for auld lang syne.

2. We twa ha'e ran aboot the braes, and pu'd the gowans fine, we've wander'd mony a weary foot sin' auld lang syne.

For auld lang syne, my dear ...

Text und Melodie: R. Burns 1759—1796 (Schottisches Volkslied)
deutscher Text: C. L. Lane

aus: „Laute schlag an"

Inhaltsverzeichnis

Gottesdienstordnungen

Die Lieder

Stichwortverzeichnis

TRANSPOSITIONSTABELLE

Ein Beispiel: Das Lied steht in B♭, ich will es in D spielen.
Ich suche die (senkrechten) Spalten B♭ und D heraus.
Die sich entsprechenden Tonarten stehen sich jetzt auf gleicher Höhe gegenüber, also: Cm wird Em, E♭ wird G, usw.

Vorzeichen:	3♭	2♭	1♭		1♯	2♯	3♯	4♯
Tonart (Dur):	E♭	B♭	F	C	G	D	A	E
(moll):	Cm	Gm	Dm	Am	Em	Hm	F♯m	C♯m
	E♭	B♭	F	C	G	D	A	E
	F	C	G	D	A	E	H	F♯
	G	D	A	E	H	F♯	C♯	G♯
	A♭	E♭	B♭	F	C	G	D	A
	B♭	F	C	G	D	A	E	H
	C	G	D	A	E	H	F♯	C♯
	D	A	E	H	F♯	C♯	G♯	D♯

Zusatz-Informationen bleiben erhalten, z.B.:

C wird D

Cm wird Dm

C^{mj7} wird D^{mj7}